KLEINE BIBLIOTHEK DER MUSSE

Herausgegeben von Johannes Thiele

HANS WEIGEL

Ist
Pünktlichkeit
heilbar?

KREUZ VERLAG

Dieses Buch folgt dem Text des 1965 im
Diogenes Verlag erschienenen Buches
»Pünktlichkeit für Anfänger«

CIP-Titelaufnahme der Deutschen Bibliothek

Weigel, Hans:
Ist Pünktlichkeit heilbar? Hans Weigel. –
1. Aufl. – Zürich: Kreuz-Verl., 1988
(Kleine Bibliothek der Muße)
ISBN 3-268-00057-6

Alle Rechte vorbehalten
© 1988 by Kreuz Verlag Zürich
1. Auflage
Umschlaggestaltung: HF Ottmann/Jürgen Reichert
Umschlagbild: »Mann an Uhr gefesselt«,
Henri Quin 1983, Zürich
Gesamtherstellung: Wilhelm Röck, Weinsberg
ISBN 3 268 00057 6

Inhalt

Ist Pünktlichkeit heilbar?

Unpünktliche Männer und Frauen des deutschen Sprachgebiets!

Fern sei es von mir, euch zu tadeln, euch zu beschimpfen oder gar gegen euch anzukämpfen. Tadelt man die Sturmflut, beschimpft man den Hagelschlag, kämpft man gegen die Windhose?

Eure Unpünktlichkeit ist elementar, urhaft wie jedes Naturereignis; man muß sich auf sie einstellen, sich mit ihr abfinden, ihre Gesetze erfassen. Eben daran aber fehlt es bisher.

Um den Blitzableiter erfinden zu können, muß man den Blitz studieren. Haben wir die Unpünktlichkeit studiert?

Es gibt keine Forschung, keine Deutung, keine Darstellung, keine Psychologie und keine Physiologie der Unpünktlichkeit, keine Soziologie, keine Geschichte, vor allem aber kein Lehrbuch der Unpünktlichkeit.

Nun aber scheint die Zeit gekommen, endlich Zusammenhänge zu erkennen und herzustellen. Eine Unpünktlichkeitskunde, eine Unpünktlichkeitslehre ist zu schaffen, die Philosophie der Unpünktlichkeit zu entwerfen, die Geschichte der Unpünktlichkeit zu erforschen. Vom Elementarunterricht über die mittleren bis zu den höchsten

Schulen sind unsere jungen Leute in der Unpünktlichkeit zu unterweisen, auf daß sie nicht unvorbereitet ins Leben treten. Das bürgerliche Recht, das
Strafgesetz und ihre Ausführungsbestimmungen
sind durch Novellierung den neugewonnenen Er-
kenntnissen anzupassen.

Nur zögernd habe ich dem Drängen meines Verlegers nachgegeben, als er mich bat, diese Materie
erstmals darzustellen. Denn bei aller Einsicht in die
Notwendigkeit, ja die Dringlichkeit einer solchen
Publikation, hielt ich mich als Autor für durchaus
ungeeignet.

Ich bin nämlich – die schriftstellerische Ehre
nötigt mich zu diesem bitteren und beschämenden
Geständnis –, ich bin nämlich selbst pünktlich.
Meine Leserinnen und Leser können wohl schwer-
lich ermessen, was dies bedeutet, sie können vielleicht die äußerlichen Schwierigkeiten, kaum aber
die inneren Nöte meines Außenseiterdaseins ahnen
und nachfühlen, die Qualen eines Sonderlings, der
durch seine unglückselige abwegige Veranlagung,
immer wieder unangenehm aufzufallen, Aufmerk-
samkeit und Befremden hervorzurufen verurteilt
ist, eines Gezeichneten, der lächerlich wirkt, unangenehm und störend.

Ich bin pünktlich. Ich bin kein Anfänger, sondern ein Veteran der Pünktlichkeit.

Kann – so fragte ich meinen wackeren Verleger

beschwörend – kann ein Kranker über die Gesundheit schreiben, ein Abstinenzler über den Rausch, ein Dilettant über ein Fach, von dem er nichts versteht?

Der Verleger zerstreute die ärgsten Bedenken durch den Hinweis auf einige zeitgenössische Theater-, Musik- und Filmkritiker. Dann meinte er, daß er gerade mich ausersehen habe, weil ich, einer der ganz wenigen ihm bekannten Pünktlichen, über die nötige Distanz zum ganzen Komplex der Unpünktlichkeit verfüge. Ich würde, so meinte er, die unaufhaltsame Urkraft, die gigantische Weltbewegung von außen her besser zu erkennen und darzustellen vermögen als einer, der mitten drin ist.

Ich weiß indes, daß sowohl des Verlegers wie meine Motive in Wahrheit anderer Art waren:

Er hat mich ausersehen, weil er hoffte, daß ihm zum erstenmal in seiner jahrzehntelangen Praxis ein Autor ein Manuskript zum vereinbarten Termin abliefern würde.

Ich wiederum entschloß mich zu dieser Arbeit, um Heilung zu finden. Ich will mich so sehr in die Unpünktlichkeit vertiefen, mich so ganz und gar in sie versetzen, daß sie mich nicht mehr losläßt, in mich eindringt; ich will aus einem eigenwilligen, unangenehm auffallenden, lästigen, tief unglücklichen Einzelgänger zum normalen Menschen werden. Dazu soll dieses Buch mir helfen. Wenn Pünktlichkeit überhaupt heilbar ist, dann wohl am aussichtsreichsten auf diese Manier. Ich will mich meiner Pünktlichkeit entledigen, sie von mir abtun, in dieses Buch hinein.

Ahnt ihr denn, ihr von mir leidenschaftlich Beneideten, was es bedeutet, pünktlich zu sein – nicht etwa irgendeinmal zufällig oder irrtümlich, sondern gewohnheitsmäßig, regelmäßig, sozusagen: pünktlich pünktlich zu sein, mit allen fürchterlichen Nebenerscheinungen, die mit der Pünktlichkeit Hand in Hand gehen wie das Fieber mit der Grippe: Briefe beantworten, ausgeliehene Bücher spontan zurückgeben, Zusagen einhalten und dergleichen mehr?

Der Pünktliche ist immer der Unterlegene, er fühlt sich immer schuldig, er wird und muß durch diesen Dauerzustand schwerste seelische Schädigungen zu erwarten haben:

Man war für vier Uhr verabredet gewesen. Der Pünktliche war um vier, der Unpünktliche elf Minuten später erschienen. Der Pünktliche hat, oberflächlich betrachtet, recht. Er kann jederzeit darauf hinweisen, daß der andere unrecht hat. Dieser aber nützt die Situation aus, er appelliert an das, was jeder Mensch in sich trägt, an ein gewisses Quantum der drei Tugenden: edel, hilfreich und gut. Der Unpünktliche sagt: »Sei nicht böse!« Welcher edle, hilfreiche und gute Mensch will sich nachsagen, will sich auch nur verdächtigen lassen, daß er böse sei? Er war auch gar nicht böse – er war nur unruhig, nervös, höchstens gereizt – böse?, nein, böse war er nicht und böse ist er nicht. Und um diese Vermutung zu entkräften, steigert er sich in Orgien der Freundschaftlichkeit und Nachsicht, er entschuldigt sich, er erniedrigt sich geradezu, und so verläßt der Pünktliche als Unterlegener, der Unpünktliche als Sieger den Platz, auf dem sie sich beide in entgegengesetzter Stimmung und in einem Intervall von elf Minuten eingefunden hatten.

So leiden wir also unter unserer Pünktlichkeit und nehmen Schaden durch sie. Mich macht diese meine Veranlagung bei meinen Freunden und Mitarbeitern verdächtig, bei meinen Gegnern zusätzlich verhaßt, sie trägt mir bestenfalls nachsichtigen Spott, doch oft auch recht massive Drohungen ein, man wittert hinter ihr ungute und undurchsichtige Motive, man hält mich für unbegabt, man meint, ich wäre von schlechtem Gewissen besessen; hätte ich's denn sonst nötig, zu solchen ausgefallenen Mitteln zu greifen, um mich demonstrativ ins Recht zu setzen?

Ich glaubte anfangs, daß ich falsch erzogen worden sei. Aber ich habe längst begriffen, daß ich die Schuld nicht auf andere abwälzen darf. Die Pünktlichkeit ist keine erworbene, sondern eine angeborene Abnormität, sie ist eine Krankheit, gegen die noch kein Pulver erfunden wurde.

Ich will das Verständnis meiner Leserinnen und Leser dafür erbitten, daß ich nun die Darstellung der Unpünktlichkeit zum Anlaß nehme, um selbst ihrer teilhaftig, um endlich ein normaler Mensch zu werden, und daß ich mich zu diesem Zweck eines Tricks, eines Kunstgriffs bediene:

Ich will – zum Schein nur, natürlich! – im folgenden so tun, als wäre Pünktlichkeit das Erstrebenswerte, Unpünktlichkeit das Verwerfliche. Ich will die Unpünktlichkeit – zum Schein nur, natürlich! – als Laster, die Pünktlichkeit aber als segensreich darstellen. Die Leserinnen und Leser werden mich verstehen und sich nicht verwirren lassen. Mir selbst aber wird diese Arbeitshypothese, so hoffe ich, Erlösung bringen, wenn eine solche dem chronisch Pünktlichen überhaupt zu erblühen vermag.

Neuzeitliche Seelenforscher haben entdeckt, daß der Mensch dazu neigt, in die Krankheit zu flüchten. Drum nenne ich die Unpünktlichkeit eine solche. Möge es mir und meinen Leidensgenossen, indem wir vorgeben, daß wir gesund und daß unsere Mitmenschen in ihrer überwiegenden Mehrzahl krank sind, vergönnt sein, diese Flucht zu vollziehen!

Die Zeit ist aus den Fugen

In grauer Vorzeit, als unsere Sprache sich formte, als die Wörter ›pünktlich‹ und ›unpünktlich‹ ersonnen und mit Sinn erfüllt wurden, als die Mathematiker den Punkt definiert hatten und die Astronomen die Stunden, Minuten und Sekunden, da mag es üblich gewesen sein, daß Ereignisse, die für ›punkt vier‹ angekündigt waren, sich um punkt vier begaben.

Wir wissen es nicht, wir werden es wohl auch nie erfahren. Wir können es nur aus einer Tatsache schließen: daß dem Wort ›Pünktlichkeit‹ heute immer noch der Charakter der Regelmäßigkeit, der Norm innewohnt, seinem Gegensatz ›Unpünktlichkeit‹ andererseits das Stigma der Abweichung, der Regelwidrigkeit, der Ausnahme anhaftet. Man kann diese Mißverständnisse nicht länger aufrechterhalten. Man wird sich um neue Ausdrücke bemühen müssen. So, wie es ist, geht es nicht weiter. Denn wie ist es?

Von hundert Leuten, die ihr Erscheinen für ›punkt vier‹ ankündigen, kommen durchschnittlich fünfundneunzig zu einer anderen Zeit an den vorgesehenen Ort; nicht um vier Uhr irgendwo zu sein, wo man um vier Uhr zu sein angekündigt hatte, ist also die Regel. Und nur etwa fünf Prozent

fanatischer, weltfremder Zwangsneurotiker nehmen die Zeitangabe wörtlich und befinden sich um
punkt vier Uhr dort, wo um punkt vier Uhr zu sein
sie angekündigt hatten.

Ein Land mit fünfundneunzig Prozent katholi-
scher und fünf Prozent evangelischer Bevölkerung
ist ein katholisches Land, ein nur zu fünf Prozent
besetzter Saal ist leer und nicht voll. Das Für-vier-
verabredet-sein-und-nicht-um-vier-Erscheinen ist
die Regel, das Für-vier-verabredet-sein-und-um-
vier-Erscheinen ist die Ausnahme. ›Pünktlich‹ ist:
was man auf Grund der präzisen Ankündigung
eines Zeitpunkts als Termin einer Handlung mit
großer Wahrscheinlichkeit voraussehen kann. All
unsere Erfahrung sagt uns: auf Grund der präzisen
Ankündigung ›Also um vier beim Beethovendenkmal‹ kann man mit großer Wahrscheinlichkeit voraussehen, daß der Termin des Erscheinens irgendwo zwischen vier Uhr fünf und vier Uhr zwanzig
liegt. Wenn ›Pünktlichkeit‹ die Regel und nicht die
Abweichung bezeichnet, besteht sie also darin,
nicht um vier, sondern später zu erscheinen, wenn
man für vier verabredet ist.

Drum sage ich euch: Ihr seid nicht unpünktlich,
Männer und Frauen dieser Zeit! Die Sprache ist
lediglich hinter der Entwicklung zurückgeblieben.
Die Sprache ist unpünktlich! Und da wir wohl
kaum die Lebens- und Umgangsformen ändern

können, werden wir eben die Sprache ändern müssen. Und wenn wir im weiteren Verlauf unserer gemeinsamen Betrachtung unseres gemeinsamen Problems die alten Ausdrücke weiterverwenden, geschieht dies nur behelfsmäßig und mit allen Einschränkungen, ist immer von der sogenannten, der bisher mit Unrecht so genannten Pünktlichkeit beziehungsweise Unpünktlichkeit die Rede.

Die Grundzüge der Diagnose stehen bereits fest: Ihr seid nicht unpünktlich. Die sogenannten Pünktlichen sind es. Längst ist ein sehr hoher Grad von Verläßlichkeit erreicht, eine fast schon an Sicherheit grenzende Wahrscheinlichkeit: wenn einer sich für eine bestimmte Stunde ansagt, kommt er zu dieser bestimmten Stunde wahrscheinlich nicht. Und doch herrscht Ungewißheit: Kommt er fünf, kommt er zehn, kommt er fünfzehn, zwanzig oder mehr Minuten später als vereinbart? An dieser offenen Frage krankt das private, berufliche und öffentliche Leben unserer Zeit.

Und eine zweite Frage ist nicht mehr länger zu unterdrücken: Woran, an wem liegt es? Sind die Menschen zu spät, sind die Uhren zu früh dran?

Als authentisch, als Symbol der Verläßlichkeit galt einst das Datum der Zeitung. Mochte auch der sonstige Inhalt vom Heeresbericht bis zur Wettervorhersage umstritten, mochte selbst an Ministerworten ›Die Regierung ist Herrin der Lage‹ oder

›Das Wohl der Bürger liegt uns am Herzen‹ Zweifel **gestattet** sein, auf das Datum war unbedingt Verlaß.

Und heute? Das Morgenblatt mit dem Datum des elften ist am Abend des zehnten erhältlich, die Wochenschrift mit dem Datum des zweiundzwanzigsten kursiert schon am neunzehnten. Das gleiche Blatt mit dem gleichen Text wird am Erscheinungsort mit dem heutigen Datum verkauft und als Provinzausgabe mit dem morgigen Datum in die Welt geschickt. Die Redensart ›Heute ist heute‹ kann nicht mehr aufrechterhalten werden, das Hexeneinmaleins mit der Formel ›Aus eins mach zwei‹ ist weit über die zeitgenössische Hexenschaft hinaus anerkannt. Schwarz auf weiß – einst Sinnbild für Verläßlichkeit – läßt sich feststellen: heute ist morgen, heute ist gestern, ganz nach Belieben. Die Zeit ist aus den Fugen. Christian Morgensterns scherzhafte Aufforderung ›Lies die Zeitung von übermorgen‹ ist bei den Wochenzeitungen ohne weiteres zu verwirklichen.

Was tun? Die Spannung zwischen dem scheinbar exakten Maß und der Wirklichkeit ist unerträglich, verwirrend, beunruhigend. Aber man kann die Maße nicht abschaffen und ebensowenig die Ziffern. Denn man braucht eine exakte, präzise Angabe, um sich an sie nicht zu halten, eine genau bezeichnete Zeit, die man überschreitet. Es muß

Ordnung herrschen innerhalb der Unordnung! So will es die menschliche Natur in ihrer ganzen rätselvollen Unergründlichkeit. Wir können die Uhren und die Kalender nicht entbehren. Wie aber sollen wir die Spannung überwinden, wie sollen wir Wort und Ziffer einerseits und den unbesiegbaren Protest des Menschen gegen sie in Einklang bringen?

Verliert die Unpünktlichkeit nicht all ihren Sinn, wenn sie genormt, geregelt wird?

Der zermürbende Protest

Ihr seid nicht unpünktlich, ihr zu spät kommenden Frauen und Männer, ich wiederhole es und meine es ernst. Ihr seid nicht nur nicht unpünktlich, weil ihr die beherrschende Majorität seid und wir Pünktlichen uns mit der Rolle einer lächerlichen Zwergpartei abfinden müssen. Ihr seid auch, zum zweiten, nicht unpünktlich, weil ihr nicht normwidrig seid; denn indem ihr zu spät kommt, vergeht ihr euch gegen kein Gesetz, ihr erfüllt eines. Nur daß wir es nicht kennen. Wir können es nicht benennen, nur ahnen.

Ja, es ist an dem, daß der Mensch ein rebellisches, aufmuckendes, unbändig nach Freiheit dürstendes, ein protestierendes nichtkonformistisches Wesen ist, daß er aber vor allem und ganz und gar ›ein Wesen‹ ist, ein Einzelner, Unverwechselbarer, ein Einmaliger, und sich in dieser Eigenschaft zu bestätigen wünscht. Er haßt die Regeln, Reglements, Vorschriften, die Bindungen, das Vorgeschriebene und Vorgesehene, die Gleichmacherei und Gleichförmigkeit, die Behandlung ohne Ansehen der Person. Je mächtiger die Entindividualisierung sich aufreckt, um so heftiger der Protest des Einzelnen.

Der Mensch will die Freiheit, wenn auch nicht

die Anarchie. Er will keine Nummer sein, drum empört er sich gegen die Ziffern und über die Zahlen. Er will gegen Tyrannei und Zwang ankämpfen, und dazu ist's nötig, daß sie ihn bedrohen. Oft scheint es uns fast, als würden die Menschen Zwang und Tyrannei eigens nähren, stärken, ermutigen, um dann gegen sie kämpfen zu können. Sie schließen Ehen, um sie alsbald zu brechen, sie wählen Politiker, um sie alsbald zu stürzen, sie führen auf allen Gebieten bewußt und willentlich Zustände herbei, um alsbald unter ihnen zu stöhnen und an ihrer Veränderung zu arbeiten.

Was wir höchst ungenau und mißverständlich als ›Zivilisation‹ bezeichnen, hat uns einen besonderen Hochstand der Planung, Regelung und Vorschreibung beschert. Mit diesem extremen Versuch einer umfassenden, totalen Gestaltung des individuellen Lebens mußte der Wille zur Auflehnung ins Ungemessene wachsen. Jede nicht eingehaltene Verabredung, jedes nicht eingelöste Versprechen ist Ausdruck dieser Rebellion. Jeder Unpünktlichkeitsakt schleudert dem anonymen Man-Es-Wir ein deutliches ›Ich!‹ entgegen.

Ihr seid nicht unpünktlich, unpräzis, unverläßlich, denn der Ausdruck dieses eures Menschseins stellt sich ganz präzis, verläßlich und pünktlich ein. Ob ihr wollt oder nicht, ihr müßt einfach, es ist stärker als ihr. Indem ihr die Ordnungen und Verordnungen der Menschen mißachtet, ihre Maße und Gewichte Lügen straft, erfüllt ihr einen kategorischen Imperativ, den ihr gar nicht kennt.

Ihr wollt um zehn Uhr zehn an der Bahn sein, wenn der Zug um zehn Uhr dreißig abfährt. Ihr wißt aus Erfahrung, daß man knapp vor der Abfahrt keine guten Plätze mehr bekommt, daß es am Fahrkartenschalter voraussichtlich zu warten gilt, daß man in den Gepäckträger Zeit und Nerven investieren muß. Alles spricht dafür, daß ihr den Bahnhof um zehn Uhr zehn erreicht, nichts spricht dagegen, keine höhere Gewalt bringt unvorhergesehene Abhaltungen... und ihr kommt frühestens um zehn Uhr neunzehn!

Man erwacht des Morgens, von selbst oder dank der Weckeruhr. Man weiß aus jahrelanger Erfahrung auf die Minute genau, wie lange man braucht, bis man fertig angezogen ist, wieviel Zeit das Frühstück und wieviel Zeit der Weg bis zur Arbeitsstätte beanspruchen. Wenn all dies zusammen eine Stunde ausmacht und man um acht Uhr mit der Arbeit beginnen muß, steht man aber doch nicht um sieben Uhr auf, sondern um sieben Uhr drei, vier, fünf oder sechs. Während man sich überschnell wäscht, rasiert, anzieht, während man ohne Genuß und Stimmung das Frühstück durchhastet, während man allzu eilig und zermürbt durch die Stadt geht oder fährt, schwört man sich zu: Nie wieder!

Von morgen an wirklich um sieben aus dem Bett!

Hält man den Schwur?

Oder, wenn man ihn nicht hält, genießt man wenigstens die drei, vier, fünf oder sechs dem Tag gestohlenen Minuten? Bieten sie auf der Haben-Seite des körperlich-seelischen Befindens einen auch nur annähernden Ausgleich für das von ihnen verursachte Soll?

Nein, man genießt die Minuten nicht. Sie sind erfüllt von Unrast, Selbstvorwürfen, vorwegnehmenden Bildern dessen, was sie heraufbeschwören werden, sie sind Pein.

Nein, ihr seid nicht unpünktlich, ihr seid nur schwächlich und verkrampft! Was habt ihr euch getan, daß ihr euch derart straft?

Und was hat der andere euch getan, der, mit dem ihr verabredet seid? Wollt ihr ihn wirklich kränken, beunruhigen, enervieren? Ihr wollt ja gar nicht! Ist euch wirklich etwas ›dazwischengekommen‹, wie ihr entschuldigend stammelt? Nein, ihr selbst seid euch dazwischengekommen.

Gewiß, es gibt echte Unpünktliche, und sie meine ich hier nicht: Kraftnaturen, die aus der Fülle ihrer Eigengesetzlichkeit heraus alle Maßstäbe mißachten und jeder Regel spotten, sie mögen Künstler sein oder Lebenskünstler, sie genügen sich selbst und ziehen unregelmäßige, nicht berechenbare Bahnen, nur dem eigenen Gutdünken verantwortlich, Landsknechte oder Landstreicher (besser gesagt: Zeitstreicher) von Gottes Gnaden. Wohl ihnen, denn ihnen ist wohl! Sie stehen auf, wann es ihnen paßt, aber sie denken nicht vorher in zaudernder Unrast: Ich sollte, ich müßte! Sie kommen, wenn sie gehen sollten, sie gehen, wenn sie kommen sollten, jeder kennt sie längst und erwartet nichts anderes von ihnen, sie kommen nicht zu spät, denn sie werden nicht erwartet, und kommen sie doch, ist's wie ein Geschenk! Ihre Unpünktlichkeit hat Kraft, Saft und Blut, sie gibt ihnen berauschendes Selbstsein. Wenn sie auf einem Bahnhof erscheinen und der Zug schon abgefahren ist, dann haben nicht sie den Zug versäumt, dann hat der Zug sie versäumt.

Sie sind hier nicht gemeint, denn sie sind echt und unabänderlich, doch auch sie sind eigentlich nicht unpünktlich. Fast sind sie noch etwas verläßlicher als wir, das versprengte Häuflein der Pünktlichen. Uns kann es immerhin bei aller Vor- und Umsicht doch geschehen, daß wir uns einmal ausnahmsweise verspäten, sie aber werden, wann immer und wo immer sie erscheinen, das Gesetz erfüllen, nach dem sie angetreten sind, sie werden uns durch ihr Tun wie durch ihr Lassen stets so überraschen, wie wir es von ihnen erwarten.

Spengler –
Der Untergang des Abendlandes

Gehen denn die Schneider nie zum Schuster, die Tischler nie zum Schlosser? Müssen sich nicht auch Spengler* gelegentlich ihre Uhren, Photographen ihre elektrischen Anlagen oder Gasgeräte reparieren lassen?

Oder gibt es eine verborgene Übereinkunft, ein Geheimzeichen, ein Losungswort, auf Grund dessen die Handwerker, die Gewerbetreibenden und anderen Meister im geschäftlichen Umgang miteinander anders als sonst sind, nämlich verläßlich?

Wenn nicht, dann muß wohl der Schneider am eigenen Leib erfahren und vor allem an der eigenen Seele, wie es tut, wenn das reparierte Paar Schuhe, die entwickelten und kopierten Photos, die gewaschene Wäsche, der neubezogene Sessel, die am Mittwoch nach Tisch fertig sein sollten, am späten Nachmittag des Mittwoch nicht fertig sind, sondern erst am Donnerstag vormittag fertig sein werden. Und wenn der Schneider diese Erfahrungen beim Schuster, Photographen, Wäscher, Tapezierer macht, sich ärgert und schimpft und denkt: Das

* Spengler: unentschuldbarer Austriazismus, eigentlich Klempner.

sollte nicht sein!, könnte er sich doch ausmalen, wie es jenen zumute ist, denen er am Nachmittag des Donnerstag mitteilt, daß sie das, was am Donnerstag nach Tisch fertig sein sollte, erst am Freitag vormittag erhalten können. Und die Schuster, Photographen, Wäscher und Tapezierer ihrerseits, aber nicht nur sie, sondern auch die Schlosser, Uhrmacher, Elektriker und Tischler, die Drechsler und Graveure, die Spengler, Glaser und viele, viele andere gehen zum Schneider, und sie alle gehen zueinander, um Gegenstände des täglichen Bedarfs anfertigen, reparieren, ausbessern, aufladen, einschneiden, wenden, repassieren, federn, einschleifen, montieren, besohlen, beizen, polieren, aufbügeln zu lassen... Und vielleicht sind sie alle nur deshalb so unpünktlich, weil jeder von ihnen immer wieder mehrmals vergeblich zum Schneider, Schuster, Spengler, Uhrmacher, Glaser gehen muß und dadurch sinnlos Zeit verliert, ehe er bekommt, was längst fertig sein sollte.

Und das alles ist noch gar nichts, wenn man es mit den Erfahrungen beim Einrichten einer Wohnung oder beim Bau eines Hauses vergleicht. ›Spengler: Der Untergang des Abendlandes‹ habe ich einmal in einem Verlagskatalog gelesen, und da ich damals gerade meine Wohnung einrichtete, habe ich ausgerufen: Jawohl, die Spengler sind der Untergang des Abendlandes, die Spengler im Verein mit Maurern, Malern, Anstreichern, Tischlern und ihren anderen Helfershelfern!

Und auch die Architekten, wenngleich nicht so sehr Hand- als Kopfarbeiter, sind von der Berufskrankheit befallen. »Herr Architekt«, sagt man, »wann wird mein Haus fertig?« Der Architekt sieht uns an, irgend etwas gefällt uns nicht an seinem Blick, dann rechnet er umständlich, dann sagt er: »Spätestens am sechzehnten März können Sie damit rechnen.« – »Nämlich«, sagt man, »ich muß irgendwann nach Zürich fahren, auch erwarte ich Logierbesuch aus Innsbruck, ich möchte das alles jetzt schon disponieren.« – Der Architekt könnte jetzt noch sagen: »Ende März, Anfang April, Ende April«, wir drängen ihn nicht, wir schreiben ihm nichts vor, wir lassen ihm alle Freiheit, er aber sagt: »Können Sie! Am sechzehnten März können Sie damit rechnen, daß alles fertig wird.« So sagt man sich für den zwanzigsten März in Zürich an und lädt den Innsbrucker Logierbesuch für den dreißigsten März zu sich. Man muß am zehnten März nach Zürich und am zwanzigsten nach Innsbruck absagen, der ganze März, der ganze April geraten durcheinander, nachdem durch die Unruhe und Unordnung des Bauens und Einrichtens schon die Monate seit dem Dezember in Unordnung geraten waren, ein privates und berufliches Jahr ist mehr oder weniger in die Brüche gegangen. Und um die

Mitte des April wird der Architekt dann mit allem fertig. Man frage nicht, um wieviel er seinen präzise erstellten Kostenvoranschlag überschritten hat! Man fragt vor allem nach den Terminen, und eine Erkenntnis dämmert einem auf: Er hat gesagt, man könnte am sechzehnten März damit rechnen, daß alles fertig wird, er hat nicht gesagt, wann alles fertig wird, sondern nur, wann man damit rechnen kann, daß alles fertig wird. Er hat uns unter Mißbrauch der Sprache ein Jahr gestohlen.

Aber selbst die Neugestaltung der Wohnung und des Hauses schrumpft zur Annehmlichkeit ein, wenn man sie mit den Sitten und Gebräuchen des transportierenden Gewerbes vergleicht.

Sollen wir einen Umrechnungsschlüssel einführen? Sollen wir, so wie man in inflationistischen Zeiten mit dem Umbau der Taxameteruhren nicht nachkommt und den Betrag, den sie anzeigen, mit einer festgesetzten Zahl multiplizieren muß, eine Tabelle herausgeben? ›Handwerker + 1, Transportgewerbe + 3, Baugewerbe + 30...‹? Es würde wenig nützen. Der Handwerker könnte ja auch ›Donnerstag‹ statt ›Mittwoch‹, der Spediteur ›Freitag‹ statt ›Dienstag‹, der Architekt ›April‹ statt ›März‹ sagen. Es scheint nicht auf den Termin, sondern auf dessen Überschreitung anzukommen. Oder sollen wir verschiedene Zeitrechnungen schaffen, die gleichberechtigt nebeneinander bestehen? Wir alle haben schon Kalender in der Hand gehabt, die außer unserem gregorianischen Tag, Monat und Jahr auch die julianische und israelitische Zeitrechnung verzeichneten. Man könnte sich also vorstellen, daß ein Blatt dieses neuartigen Kalenders so aussähe:

1988

MITTWOCH

26

OKTOBER

 AMANDUS   CHR. KÖNIGSFEST

Handwerker: Montag, 17. Oktober
Transportgewerbe: Freitag, 21. Oktober
Baugewerbe: Montag, 26. September
Künstler: Ende September 1987

Ja, ich muß nun, da von der Unpünktlichkeit als Berufskrankheit die Rede ist, auch ein erstes Mal von meinen Freunden und Kollegen, den Künstlern, sprechen. Man neigt dazu, ihnen eine gewisse Narrenfreiheit zuzubilligen. Sie sind keine Handwerker, keine Maurer, sagt man (als ob Handwerker und insbesondere Maurer pünktlich wären!). Man kann die Inspiration nicht kommandieren, sagt man. Man muß bedenken, daß die Künstler ein höchst diffiziles, anfälliges, von Hemmungen und Minderwertigkeitskomplexen durchseuchtes Innenleben haben, sagt man – und man sagt ›Minderwertigkeitskomplexe‹, obwohl es sich um Minderwertigkeitsgefühle handelt, denn nicht Freud, der Erbauer der Komplexe, sondern Adler, der Sänger der Organminderwertigkeit, hat dieses Wort geprägt.

Diffizil, anfällig, durchseucht – das alles wird zugegeben. Gewiß sind die schreibenden, komponierenden, malenden, zeichnenden, modellierenden und die geigenden, klavierspielenden, theaterspielenden, dirigierenden, inszenierenden, singenden und sonstigen interpretierenden Künstler innerlich labil, anfällig, fein differenziert. Aber darüber dürfen sie sich nicht beklagen, denn eben diese Eigenschaften bilden sozusagen ihr berufliches Betriebskapital und befähigen sie zur Ausübung ihres Gewerbes, das ein solches ist wie jedes andere. Daß er nervös, deprimiert, mißgestimmt ist, hilft weder dem Sänger noch dem Schauspieler noch dem Solisten im Augenblick des Auftretens. Oft wird er sogar aus der Überwindung derartiger Widerstände besondere Kräfte gewinnen.

Was dem ausübenden Künstler recht sein muß, müßte aber dem schaffenden billig sein. Es ist ebensowenig ein Vergnügen, den Hamlet zu spielen, wenn man nicht in Stimmung ist, als ihn in solcher Laune zu schreiben. Wartet der Schreibende jedoch, bis die erforderliche Stimmung sich einstellt, versündigt er sich gegen geheiligte Gesetze. Oft ist doch gerade die Verzweiflung produktiv, oft wird auch die Stimmung erst allmählich erblühen, wenn die Arbeit begonnen hat.

Der Künstler, der frei, sachlich und ohne Nötigung die Fertigstellung eines Werks bis zu einem bestimmten Termin zusichert, schreibt, komponiert, malt, zeichnet und modelliert ja nicht zum erstenmal. Er kennt sich und seine Stimmungen, er weiß genau (er verrät es nur nicht), wie lange ein Einfall braucht, um sich einzustellen, Form zu gewinnen und nach Überwindung aller gewohnten, vertrauten, liebgewordenen Schwierigkeiten endgültig fixiert zu sein. Der Künstler unserer Zeit sündigt gegen seinen Beruf und seine erhabenen Kollegen aus großer Vergangenheit durch seinen koketten Hang zur Disziplinlosigkeit. Er arrogiert sich eine Ausnahmestellung, die ihm in keiner Weise zukommt.

Ist er denn wirklich ein Sonderfall? Auch der Generaldirektor ist auf Inspiration angewiesen, auch Ärzte müssen schöpferische Entschlüsse auf

Grund begnadeter Erkenntnisse fassen, ohne warten zu können, bis die rechte Stimmung sich einstellt; der Geistliche muß seine Gemeinde, der Redner sein Auditorium, der Anwalt den Gerichtshof beeindrucken, überzeugen, packen, fortreißen, und dies zu einem Termin, der ihm vorgeschrieben ist und den er nicht beliebig verschieben darf. Der Blinddarm fragt nicht nach der Seelenlage des Chirurgen.

Wenn wir des Menschen Innenleben respektieren – und fern sei's von mir, diesen Respekt zu untergraben –, wollen wir hierbei dem Künstlerinnenleben und dem Künstlerinneninnenleben keine Sonderstellung einräumen. Unter den zahlreichen Privilegien, die ihnen mit Recht zustehen, scheint mir ein Privileg auf Unpünktlichkeit durchaus nicht gerechtfertigt.

Es begann bei Japhet

Eine Sitzung, eine Besprechung, eine Tagung – wie immer der Name für jene Veranstaltung sein mag, bei welcher ein Beschluß gefaßt werden soll und die darin besteht, daß viele Leute unsachlich und unkonzentriert viel zu lange reden, worauf dann eine weitere Zusammenkunft angesetzt wird und inzwischen jeder weiterhin tut, was ihm beliebt – eine Sitzung oder Besprechung oder Tagung ist für zehn Uhr anberaumt. Einer der Teilnehmer – nennen wir ihn ›Ich‹ – findet sich um neun Uhr neunundfünfzigeinhalb ein. Er hat sich, beziehungsweise: ich habe mir den betreffenden Vormittag entsprechend eingeteilt. Ich habe eine wichtige Arbeit um neun Uhr dreißig unterbrochen – ich habe mir vielleicht ein Taxi geleistet, um ganz bestimmt nicht nach zehn zu erscheinen. Da bin ich nun, als erster, als einziger. Es vergehen die Minuten, allmählich finden sich die anderen ein, ohne Erklärung, ohne Entschuldigung, mit freundlichem Gruß. Wenn alle da sind, wird zunächst noch unverbindlich geplaudert und gescherzt. Man steht herum. Dann ertönt das erlösende ›Also‹, mit dem jede entscheidende Äußerung bei derartigen Anlässen eingeleitet wird. Es ist zehn Uhr neunzehn bis vierundzwanzig. Was hätte ich mit diesen neun-

31

zehn bis vierundzwanzig Minuten anfangen können! Addieren wir die verlorenen Minuten von
zehn Teilnehmern einer einzigen Veranstaltung,
und wir kommen schon auf verlorene Stunden.
Und das ist nur eine Veranstaltung, und an diesem
Tag finden in dieser Stadt sehr viele Veranstaltungen statt, und wir addieren die vertanen Stunden
und kommen auf vertane Tage. Und nicht nur in
dieser Stadt finden an diesem Tag sehr viele Veranstaltungen statt, und wir addieren die vertanen
Tage und kommen auf vertane Wochen. Und nicht
nur an diesem Tag finden hier und anderswo derartige Veranstaltungen statt, und nicht nur bei derartigen Veranstaltungen wird Zeit vertan, auch bei
den vergeblichen Wegen zu Handwerkern und Gewerbetreibenden und bei allen beruflichen und privaten Verabredungen ... eine Welt vertut Jahrhun-
derte in jeder Woche!

Haben wir uns unser Leben durch tausendundei-
ne technische Errungenschaft, durch Waschmaschi-
nen, Schnellkochtöpfe, Schreibmaschinen, Mixap-
parate, Nähmaschinen, Staubsauger, Fahrzeuge
und Verständigungsmittel aller Art nur erleichtert,
haben wir Zeit in Hülle und Fülle nur gewonnen,
um sie derart zu verschleudern? (Verschleudern wir
sie derart, weil wir mit ihr, stände sie uns überreich
zur Verfügung, nichts anzufangen wüßten?)

Gelegentlich zu Festivitäten geladen, finde ich

bei der Bekanntgabe des Termins gelegentlich den Hinweis, ›im Hinblick‹ oder ›mit Rücksicht auf das Erscheinen des Herrn Bundespräsidenten‹ werde um Pünktlichkeit gebeten. Und wenn ich diese Formel lese, dann weine ich bitterlich. Das bedeutet nicht etwa mangelnden Respekt vor dem Träger des höchsten Amts im Staat. Nein, aber da man nur diesem einen zu Ehren ausdrücklich gehalten ist, eine eigentlich selbstverständliche Pflicht im Umgang mit Menschen zu erfüllen, meint das ja unausgesprochen: Wenn der Herr Bundespräsident nicht anwesend ist, kannst du zu spät kommen; dem Kanzler, den Ministern, den Landeshauptleuten und Bürgermeistern, den Rektoren und Professoren, allen Großen und Mittelgroßen des Reichs schuldest du ebensowenig Manierlichkeit wie sie dir.

Pünktlichkeit, sagt man, ist die Höflichkeit der Könige. Aber müssen überzeugte Republikaner ihre politische Gesinnung demonstrieren, indem sie unpünktlich sind?

Wenn wir einen Bundespräsidenten durch disziplinierte Umgangsformen ehren, gilt diese unsere Haltung ja nicht nur einer Person, sondern auch dem, was sie symbolisiert: dem Staat. Und der Staat, das sind ja wir. Der Respekt vor uns müßte darum auch in Abwesenheit des Oberhaupts gewisse Mechanismen gesitteten Zusammenlebens auslösen. Aber es ist längst so weit gekommen: Wenn der Minister, Bürgermeister, Rektor mich neulich eine Viertelstunde warten ließ, komme ich heute auch erst um Viertel, denkt der Gast. Wenn die Gäste neulich erst nach meiner Ankunft langsam und allmählich herbeitröpfelten, werde ich heute auch erst um Viertel erscheinen, denkt der Minister, Bürgermeister, Rektor. Ursache und Folge sind in undurchschaubarer Verschränkung durcheinandergeraten. ›Die anderen‹ haben angefangen – aber die anderen, das sind alle –, der andere bist du!

Es hat wahrscheinlich in grauer Vorzeit einmal begonnen, kurz nach dem Ende der Sintflut. Japhet war schuld. Japhet ließ Ham warten. Ham wurde nervös und ärgerlich. Vielleicht ließ Japhet ihn gar nicht absichtlich warten, vielleicht war er wirklich abgehalten, vielleicht war ihm tatsächlich etwas dazwischengekommen. Aber das glaubte Ham natürlich nicht. Und als Japhet zu spät kam, schwor Ham Rache. Er wollte die verlorenen zehn oder zwanzig Minuten abwälzen. Aus einem Objekt wollte er Subjekt des Wartenlassens werden. Nun aber beging er den tragischen Fehler, den zweiten Sündenfall: er ließ am nächsten Tag nicht Japhet warten, sondern Sem.

Und Sem sah, daß man ihn warten ließ, wurde nervös und ärgerlich, schwor Rache und beschloß, aus einem Objekt zum Subjekt des Wartenlassens zu werden. So begab es sich, daß Sem am nächsten Tag Japhet warten ließ. Dieser hätte es vielleicht verstanden, wenn Ham ihm Gleiches mit Gleichem vergolten hätte. Aber Sem nahm er es übel. Und er beschloß, die vergeudeten Minuten abzuwälzen, und ließ Noah warten. Und Noah ließ Ham warten, und Ham ließ Japhets Weib warten, und Japhets Weib ließ Sems Weib warten, und Sems Weib ließ Japhet warten, und Japhet ließ Hams ältesten Sohn warten, und Hams ältester Sohn ließ Japhets Tochter warten... und so kam die Unpünktlichkeit in die Welt. Zehn oder fünfzehn oder zwanzig Minuten vervielfältigen sich in geometrischer Progression aus grauer Vorzeit her, Nerven und Gemüter vergiftend, Verspätungen zeugend: eine andere, tropfenweise anwachsende, doch nicht minder verderbliche Sintflut, eine Sintflut mit Zeitzündung. Und jeder Lebende ist Japhet, Ham und Sem in Personalunion.

Das erotische Viertel

Was geht eigentlich in einem Menschen vor, der zu spät kommt?

Setzen wir einen klaren Fall. Schalten wir alle äußeren und inneren Abhaltungen aus: die Bettwärme des Morgens, den Ausnahmecharakter der Abreise, die beruflichen Traditionen der Handwerker und Gewerbetreibenden. Nehmen wir an, daß Mimi um vier am Beethovendenkmal verabredet ist – und zwar nicht mit Rudolf, denn da träte eine neue Komplikation in Erscheinung.

Wäre Mimi mit Rudolf verabredet, würde sie auf keinen Fall um vier kommen. Selbst eine pünktliche Mimi – so es eine solche gibt – ließe Rudolf am Beethovendenkmal bis etwa vier Uhr fünfzehn warten. Es gehört zu den ungeschriebenen Gesetzen des Liebesspiels, den Liebsten warten zu lassen, einen solchen, der es werden will, warten zu lassen, einen solchen, der es werden soll, erst recht warten zu lassen. Allgemein anerkannt wie das akademische Viertel, wenn auch nicht offiziell eingeführt wie dieses, ist auch das erotische Viertel, selbstverständlich wie im Vorlesungsverzeichnis der Hochschulen bedeutet auch bei Wesen weiblichen Geschlechts, die mit Personen männlichen Geschlechts verabredet sind, vier Uhr stets vier

Uhr fünfzehn. Unter allen Sorten von Unpünktlichkeit sind diese beiden die allerverläßlichsten.

Allerdings ist da ein Unterschied: das akademische Viertel wird wirklich nur auf akademischem Boden eingehalten, das erotische Viertel aber pflegen Mädchen und Frauen auch jenen Jünglingen und Männern aufzuerlegen, mit denen sie durch keinerlei Anflug der geringsten Amourosität verbunden sind, waren oder sein werden. Einen Mann läßt ein Mädchen oder eine Frau auch dann unter allen Umständen eine Viertelstunde warten, wenn er ihr ein dringend benötigtes Buch bringt, eine Unterrichtsstunde gibt oder sonst einen Dienst erweist; ein sehr tief sitzender Instinkt treibt sie dazu, aus C. G. Jungschem seelischem Urväterhausrat empordräuend. Einen Mann läßt man warten, man ist es sich und seinem Geschlecht schuldig...

Setzen wir also den klaren Fall: Mimi ist mit Musette verabredet – vier Uhr, Beethovendenkmal. Mimi ist mit Musette befreundet, sie wollen plaudern, wollen spazierengehen, Schaufenster besichtigen, einkaufen. Mimi hat zum Beethovendenkmal einen Weg von zwanzig Minuten zu Fuß, von sechs Minuten mit der Straßenbahn. Sie ist zu Hause, sie beschäftigt sich, sie sieht gelegentlich auf die Uhr. Das, womit sie sich beschäftigt, ist durchaus nicht unaufschiebbar. Sie weiß aus Erfahrung, daß die

Zeremonien des Aufbruchs – Mantel, Hut, Handtasche, Spiegel und dergleichen – etwa fünf Minuten erfordern – es ist drei Uhr dreißig, drei Uhr fünfunddreißig, drei Uhr sechsunddreißig, sieben-, acht-, neununddreißig, Mimi setzt ihre durchaus nicht unaufschiebbare Beschäftigung fort. Um drei Uhr vierzig denkt sie: Ach was, ich fahre! – und wendet sich neuerlich ihrer durchaus nicht unaufschiebbaren Beschäftigung zu. Verabredete Zeit: vier Uhr, Fahrzeit: sechs Minuten, Zeremonien des Aufbruchs: fünf Minuten. Es ist drei Uhr fünfundvierzig, drei Uhr sechsundvierzig, sieben-, acht-, neunundvierzig, fünfzig, einundfünfzig. Um drei Uhr zweiundfünfzig wird die Beschäftigung unterbrochen. Fünf Minuten Aufbruch: drei Uhr siebenundfünfzig. Noch wäre das Schlimmste zu verhüten. Geh, Mimi, geh, noch kannst du um vier Uhr drei am Ziel sein!

Aber Mimi geht nicht. Sie opfert am Altar einer unbekannten Gottheit, zwanghaft, getrieben, ihrer eigenen Entschlüsse nicht mehr mächtig. Sie beginnt, an ihrer Verspätung zu arbeiten. Sie blickt gedankenvoll in den Spiegel, sie geht an den Schrank, ein Taschentuch zu holen, und beginnt, die im Schrank befindlichen Wäschestücke nach neuen Gesichtspunkten zu gruppieren, sie geht an den Schreibtisch und blättert nachdenklich in Papieren. Was begibt sich in ihrem Innern?

Frohlockt aber nicht, wenn ihr von Mimi und Musette lest. Ich meine nicht die Franzosen.

Ich will nicht verallgemeinern. Ich weiß nicht, ob die Wormser, die Flensburger, die Aarauer und die Chiassoer pünktlich und verläßlich sind, denn ich habe mich noch nie in Worms, Flensburg, Aarau und Chiasso aufgehalten. Hingegen habe ich einer jungen Frau in Hessen beim Umgang mit Handwerkern zugesehen und ihr meine Brust zum Ausweinen überlassen. Ich selbst habe Brüste zum Ausweinen gesucht und gefunden, wenn ich im Rheinland, im Südweststaat und in Bayern Erfahrungen machen mußte, wenn ich etwa, um in einem darauf spezialisierten Laden das Duplikat eines simplen Schlüssels zu erhalten, eine rheinische Stadt achtmal durchqueren mußte. Ich war Zeuge, wie meine freundlichen Gastgeber am Ufer des Zürichsees Stunden nutzlos vertrödelten, weil der angesagte Monteur, der eine Maschine reparieren sollte, mehrmals zu der von ihm angegebenen, frei, sachlich und ohne Nötigung angegebenen Stunde unentschuldigt fernblieb, ich habe durch Umfrage festgestellt, daß die politisch angestrebte und bisher undurchführbare Einheit Europas über alle Grenzen hinweg im Zeichen der Unpünktlichkeit längst verwirklicht ist. Einsam als Relikt der Vergangenheit ragen nur noch die Schweizerischen Bundesbahnen in eine veränderte Welt.

Irgend etwas scheint mir in Unordnung geraten zu sein, und dieses Etwas ist nur mit Weltmaßstäben zu messen. Doch eine Welt ist sich dessen nicht bewußt, denn jeder erlebt nur (und begeht nur) immer neue jeweilige Einzelfälle. Man spricht von der österreichischen Schlamperei, von den lässigen Schwaben, den disziplinlosen Hessen, man spricht von spanischen oder italienischen Nationaleigenschaften, man ist im Umgang mit Amerikanern an allerlei gewöhnt worden – man nennt die Theaterleute, die Zeitungsleute, die Rundfunkleute, die Handwerker, die Bürokraten, alle jene, mit denen man eben zu tun hat, unpünktlich – aber man sieht den unpünktlichen Wald vor zu spät kommenden Bäumen nicht.

Jeder denkt vor seinem schmalen Welt-Ausschnitt: So ist das eben hier! – Er ahnt nicht, daß es überall ist.

Warten und warten lassen

Es gibt weniges im Leben von heute jenseits der Pflichten, einige Anlässe nur zur Freude, Unterhaltung, Erholung. Diese sind: Bälle, Reisen, gesellige Zusammenkünfte, Besuch von Theatern, Konzerten, Mahlzeiten außer Haus. Wir ersehnen, wir erstreben solche Anlässe, doch wie bereiten wir uns auf sie vor?

Wer kennt nicht das Bild einer aufbrechenden Familie, jene wie vom Wirbelsturm verwüsteten, dumpf chaotischen Räume mit wild verstreuten Kleidungsstücken und schreienden Menschen! Die Dame des Hauses sitzt halbnackt verbissen in einer Ecke und näht oder bügelt an einem Kleidungsstück herum. Ihr Gatte durchmißt hemdärmelig die Räume und ist auf der Suche. Verwünschungen wechseln ab mit gebrüllten Zeitangaben und dem stereotypen Refrain ›Nie wieder!‹ In solcher Laune unter äußerstem, abnormem Verschleiß an Nerven wird deren Entspannung unternommen. Ist man dann endlich zu spät am Ziel angelangt – sollte also das Außerordentliche, Festliche, Beglückende anheben, dann scheint in der mühsam ertrotzten Ankunft bereits die eigentliche Leistung erbracht, man hat kaum Kraft mehr übrig, das Glück zu genießen, dem aller Aufwand galt.

Wir sehen hier einen circulus vitiosus wirksam: die Leute kommen zu spät ins Theater, also beginnen die Theater später, also kommen die Leute, weil sie wissen, daß die Theater später beginnen, noch später, also beginnen die Theater noch später, also kommen die Leute, weil sie...

Ein sehr liebenswerter Roman, der mir als die Wonne meiner Jugendjahre teuer geblieben ist: ›Pitt und Fox‹ von Friedrich Huch, zeigt uns in dem Helden Pitt das Modell eines neuzeitlichen Menschen, der mit sich selbst im Hader liegt und, vor die Entscheidung über eine liebende Bindung gestellt, in die Unpünktlichkeit und Langschläferei flüchtet:

»Immer später erschien er, einmal verspätete er sich sogar zum Mittagessen, so daß Frau van Loo, der es ganz lieb war, daß Elfriede den Vormittag auf sich allein angewiesen war, zu ihm sagte: Durch progressive Steigerung können Sie es noch erreichen, Herr Pitt, daß Sie eines Morgens einmal wieder richtig zum Kaffee eintreffen.«

Diese Hoffnung setzt allerdings fixe Termine beim Partner voraus. Wenn aber Besucher und Theater voreinander immer weiter in die Nacht hinein zurückweichen, könnte das Ergebnis sich nur bei einer Art Parallelverschiebung des ganzen Tagesablaufs günstig auswirken, in beweglichen Terminen, die das Frühstück und den ihm folgenden Arbeitsbeginn schrittweise näher an die Mittagsstunden heranrücken, die Mittagspause in den Nachmittag verlegen... aber selbst derartige, unseren unseligen Hang auffangende, in die Lebensgestaltung einbeziehende Reformideen leiden unter ihrer Voraussetzung: daß sie nicht improvisiert, sondern geplant sein müßten; und der Mensch hängt, so scheint es, gerade am Ungeplanten. Es ist ihm nicht so wichtig, ob er in sechs oder neun Minuten, Stunden, Tagen, Wochen mit einer bestimmten Tätigkeit fertig wird, als daß er die veranschlagte Zeit um drei Minuten, Stunden, Tage, Wochen überschreitet. Der klassische liberale Grundsatz ›Leben und leben lassen‹ hat seine unabdingbare Entsprechung in der Praxis des Wartens und Wartenlassens.

Des neunzehnten Jahrhunderts Irrtum bestand darin, daß es Voraussetzungen zu schaffen wähnte, um alle äußeren Abläufe des Lebens zu erleichtern und zu beschleunigen. Des zwanzigsten Jahrhunderts Erfahrung zeigt, daß wir in immer schnelleren Fahrzeugen immer später und später ankommen. Denn die Technik, unser Kind, ist uns über den Kopf gewachsen. In gewissen Großstädten kann man tatsächlich nicht mehr vorhersehen, wieviel Zeit man zur Bewältigung einer bestimmten Entfernung benötigen wird, denn die Wege sind von einer derart großen Zahl unendlich schnell fahrender Fahrzeuge erfüllt, daß diese ganz lang-sam zu fahren und zu stehen genötigt werden. Nur Fußgänger, äußerstenfalls Radfahrer vermögen ab-zuschätzen, in welchem Tempo sie vorwärts kom-men werden. Längst nehmen die Wege zum und vom Ort der Handlung zusätzlich der obligaten Wartezeiten mehr Zeit in Anspruch als die Hand-lung selbst. Neidisch blickt der Autobesitzer auf den Taxibenützer (der keinen Parkplatz suchen muß) und dieser auf den Radfahrer.

Wir können über die Unpünktlichkeit auch scherzen, aber das mindert ihre Bedeutung als Schlüsselproblem der Gegenwart in keiner Weise. Es gab auch Hitlerwitze. Und Generationen von Theaterbesuchern amüsierten und amüsieren sich über den Ehebruch, der doch eine der entscheiden-den tragischen Situationen im Leben des Menschen ist.

Jede Unpünktlichkeit, die größte wie die kleinste – die nicht rechtzeitig besohlten Schuhe wie die verspätete Ankunft am Beethovendenkmal –, schändet die Menschenwürde und leistet einen Bei-trag zum Untergang der Welt.

Was tun, um ihm zu steuern?

Die geplante Planlosigkeit

Die Unpünktlichkeit aufzugeben, das gleicht der Alkohol- oder Nikotinentwöhnungskur. Nichts sitzt so fest und tief in uns wie liebgewordene Laster. Auch der Wein und Schnaps, die Zigarette und Zigarre tut manchem von uns nicht gut, er weiß, daß seine Leber, sein Herz, seine Lunge oder seine Gefäße Schaden nehmen... und raucht doch wieder und trinkt doch weiter, er kann's nicht lassen. Mit dem Bewußtsein der Schädlichkeit kommen wir also nicht weiter. Aber der Vergleich mit Alkohol und Nikotin gibt uns eine erste Hilfe.

Denn wenn schon geraucht, getrunken sein muß, obwohl die Schädlichkeit feststeht, ist da immer noch wichtig, in welchem Geist, in welcher Stimmung es geschieht. Ebenso schädlich wie das verbotene Glas Wein, die untersagte Zigarette für den Organismus ist für die Seele das Schuldbewußtsein, das schlechte Gewissen: ich sollte nicht, ich geniere mich vor mir selbst, es wird mir nicht guttun. Entweder nicht rauchen und nicht trinken oder aber: bewußt, frei, souverän...

So auch der Unpünktliche. Ist er einer, sei er es bewußt, nicht in dumpfer Verkrampfung. Er sei einverstanden mit seiner Unpünktlichkeit, sei identisch mit ihr, bekenne sich zu ihr.

Das klingt abwegig, klingt nach Hohn oder nach Heiligung und Verewigung einer zu überwindenden Eigenschaft, aber glaubt mir: dieser scheinbare Abweg ist ein erster Schritt auf dem rechten Weg.

Man muß kennen, was man überwinden will.

Man lasse sich von der Unpünktlichkeit nicht überwältigen, man beherrsche sie! Man liege morgens über die Zeit im Bett – wie man es täglich zu tun pflegt –, aber diesmal froh, gelassen, königlich. Ich werde die Hölle haben, in Hast frühstücken, in quälender Eile durch die Stadt stürzen und doch zu spät ins Büro kommen, aber sei's drum! Diese Minuten der verlängerten Nacht, dem öden Tag abgetrotzt, sind mir alles, was folgen wird, wert. (Wären sie's nicht, stünde ich ja rechtzeitig auf!) Ärger noch als die Sünde – Moralisten, bitte kurz weghören! – ist die Reue, wohlgemerkt: wenn sie nicht bessernd wirkt, sondern nur das Intervall zwischen zwei Sünden vergiftet.

Ja, ich bin unpünktlich – das ist der erste Schritt zur Besserung. Und der zweite scheint euch gewiß noch verwerflicher, denn er besteht darin, die Unpünktlichkeit zu planen. Weiß man, daß man jeden Morgen dem Tag einige Minuten stiehlt, nehme man sich nicht Abend für Abend vor: Also morgen stehe ich wirklich pünktlich auf, das ist ja zu blöd, ich kann doch nicht so schwach sein! Irrtum: man ist so schwach. Und man gehe zur Ruhe mit dem

46

festen Vorsatz, am nächsten Morgen wieder, wie täglich, schwach zu sein, zu spät aufzustehen, sich das Frühstück und den Weg durch die Stadt zu vergällen.

Der Wiener Arzt und Psychologe V. E. Frankl hat den Terminus ›paradoxe Intention‹ geprägt und auf ähnlichem Weg überraschende Heilerfolge erzielt. Er schreibt beispielsweise dem von Platzangst befallenen Patienten nicht vor, gegen die Platzangst anzukämpfen, im Gegenteil: wenn er sich der Kreuzung nähert, soll er denken, daß sie sich jetzt gleich einstellen wird, die liebe, gute Platzangst. Und auch mit der lieben, guten Unpünktlichkeit wird man eher fertig werden, wenn man sie als solche erwartet, statt ihrer Aggression ausgeliefert zu sein.

Merkt ihr, worauf ich hinaus will? Wie ich euch kenne, habt ihr's längst gemerkt.

Der Bann ist durchbrochen, das Tabu bezwungen, die Unpünktlichkeit aus den Tiefen der Seele herausgehoben in die Bewußtheit. Das tut beiden gut, der Unpünktlichkeit wie der Seele.

Denn ach, des Menschen Seele gleicht ja – besonders weit unten, wohin kein Strahl der klärenden Bewußtseinssonne dringt – in ihrer unbegreiflich chaotischen Gestaltlosigkeit dem Innern einer Damenhandtasche. Ganz genau wird man nie ergründen, was da alles durcheinandergeraten ist.

Doch nehmen wir an, daß wir miteinander morgen ins Theater gehen, du, der du dies liest, mit mir. Bisher sagten wir in solchen Fällen etwa: Um halb acht beginnt es, kurz nach sieben müssen wir aus dem Haus, dann können wir noch mit der Straßenbahn fahren, also müssen wir um sechs zu Hause sein, so werden wir mit allem rechtzeitig fertig.

Nun aber sagen wir: Um halb sieben werden wir mit heraushängender Zunge zu Hause ankommen, die Schränke durchwühlen, die Kleidungsstücke in Eile ausbessern, um den Vorrang im Badezimmer streiten, das Opernglas überall suchen, die Theaterkarten nicht finden, einen kleinen Weinkrampf absolvieren, um sieben Uhr fünfzehn atemlos einem Taxi nachjagen und kurz nach dem Aufgehen des Vorhangs das Theater erreichen.

Wir nehmen uns das vor, ja? Wir genieren uns ein wenig, wenn wir es uns vornehmen, ja? Vortrefflich! Vielleicht werden wir dadurch eine der zahlreichen angekündigten Katastrophen vermeiden.

Die gegenseitige Angst

Ich kenne viele Leute, die morgens gern lange schlafen, sofern sie die Möglichkeit dazu haben. Warum bekennt sich fast keiner dieser Spätaufsteher zu dieser seiner Gewohnheit? Auf die Frage ›Können wir einander um neun treffen?‹ antwortet er mit Ja und steht fluchend und stöhnend gegen seine Natur und gegen seine Gewohnheiten um acht auf. Er läßt sich auch um neun anrufen, um halb zehn besuchen – eine geheimnisvolle Scheu verhält ihn dazu, seine Gewohnheit zu verschweigen.

Wie kommt es, daß man sich vor Außenstehenden, Gleichgültigen einer Handlung schämt, deren man sich vor sich selbst nicht schämt?

Es ist eben so, wie wir es nun schon in verschiedenen Zusammenhängen festgestellt haben: man sieht den jeweiligen verschlafenen Morgen als Einzelfall an, der einem just heute zustößt.

Und schliefe man zeitlebens bis halb elf, und würde man zeitlebens den Anbruch des Tagesablaufs vor dieser Zeit als böse und schmerzliche Störung empfinden, man nimmt sich abends vor, was man morgens nur unter Qualen erfüllen kann, man bestraft sich selbst, man erlegt sich Bußen auf, wofür?

Man sieht nicht, und das ist der allergrößten Übel eines, man sieht nicht in die nächste, durch Erfahrung deutlich vorgezeichnete Zukunft. Man trinkt und kann sich die Kopfschmerzen nicht vorstellen, mit denen man noch nach jeder durchzechten Nacht erwacht ist – man hält sich nicht an die vorgeschriebene Diät und kann sich die Zustände nicht vorstellen, die bisher noch jeder Schweinebraten im Gefolge hatte – man fühlt sich spät abends so frisch und kräftig, daß man sich die bleierne Morgenstimmung nicht ausmalen kann, die aller Nachtschwärmerei folgen muß.

Ich sage nichts gegen den Wein, das Schwein, das Nachtschwärmen; aber man sollte auf die Konsequenzen vorbereitet sein.

Versucht es doch! Geht zu Bett im Bewußtsein: Ich werde morgen Kopfschmerzen, Magenkrämpfe, Schlafsucht haben. Stellen sich dann die erwarteten Zustände ein, werden sie euch bestätigen und nicht unvorbereitet treffen, fast wird man sie wie vertraute Freunde willkommen heißen: Ach, da bist du ja, du holder Kopfschmerz, du guter Magenschmerz, du netter Lebensüberdruß! Ich weiß, wem ich euer Erscheinen verdanke, der gestrigen Nacht, sie war so schön, daß auch ihr mir lieb und teuer seid, denn ihr seid der Preis für meine Freude, und da die Freude groß war, will ich den Preis willig bezahlen.

Ich sei von meinem Thema abgekommen, meint ihr, Leserinnen und Leser? Im Gegenteil, ich bin mitten drin! Bekennt euch zu jeder eurer Regelwidrigkeiten und macht sie zur Regel! Warum habt ihr Angst vor ›den anderen‹, ›den Leuten‹? Sie sind wie ihr. Und sie haben ihrerseits Angst vor euch!

Zwei Langschläfer verabreden sich miteinander für den frühen Vormittag, weil keiner dem anderen seine Lieblingsgewohnheit einzugestehen wagt. Beide haben Angst voreinander. Warum? Und beide quälen sich und einander. Und beide kommen natürlich zu spät. Und beide nehmen sich, während sie hastig ihre Bahnen durch den allzu frühen Vormittag ziehen, vor, dies nie wieder zu tun. Und tun es doch immer, immer wieder. Warum?

Bekennt euch zu euch selbst! Wenn ihr die Unpünktlichkeit überwinden wollt – und wolltet ihr dies nicht, hättet ihr nicht bis hierher gelesen – wenn ihr die Unpünktlichkeit überwinden wollt, müßt ihr sie zunächst beherrschen.

Exkurs über die Automechaniker
(Von besonderer Seite)

Ich hatte die ersten Kapitel meines Manuskripts meinem verständigen Freund Willi zu lesen gegeben, um sein Urteil zu hören.

»Das kannst du nicht machen, Hans!« sagte er dezidiert. »Das geht nicht! Du schreibst ja kein Wort über die Automechaniker. Ein Buch über die Unpünktlichkeit muß in erster Linie gegen die Automechaniker gerichtet sein. Schuster, Schneider, Handschuhmacher – lächerlich! Spediteure – meinetwegen. Aber vor allem Automechaniker! Die Geißel des zwanzigsten Jahrhunderts.«

»Ich besitze, wie du weißt, kein Auto.«

»Dann schreib kein Buch, dieses nicht und auch kein anderes. Wer nach Zentralafrika geht, soll sich nicht wundern, daß er schwitzt. Aber Auto fahren muß man, man hat keine Wahl. Und selbst ein versierter Fahrer muß seinen Wagen manchmal einem Mechaniker anvertrauen.«

»Sind Automechaniker wie Uhrmacher?« fragte ich schüchtern.

»Setz dich auf eine Wiese und schreib lyrische Gedichte!« rief er. »Oder dichte Schnulzen... so schön war es nie noch im Leben, was kann es denn Schöneres geben, ein Mädel wie du und Rheinwein dazu und von ferne ein Lied, das die Heimat durchzieht, Hannelore vor dem Tore, blondes Kind der blauen See, Hannelore, ich verbohre mich in deinen Blick so weh...«

»Du wolltest von den Uhrmachern reden.«

»Nein, ich wollte sie gegen dich in Schutz nehmen. Du bist nicht befugt, über die Unpünktlichkeit zu schreiben, wenn du dir nicht Rechenschaft über die Automechaniker ablegst.«

»Ich will das Problem studieren.«

»Nein, zu spät, du müßtest Jahre an ihm gelitten haben wie wir alle, und du willst, wie ich dich kenne, dein Manuskript pünktlich abliefern.«

Da hatte ich einen Einfall: »Du schreibst das betreffende Kapitel.«

»Ich bin doch kein Schriftsteller.«

»Dann diktier mir's!«

Ich nahm den Bleistift zur Hand und stenographierte mit:

Die Automechaniker. Ja. Also mit ihnen ist's am allerärgsten. Sie sind nämlich wirklich an allem schuld. Man hat doch das Auto nicht zum Spaß. Man kommt nicht mehr aus ohne. Es ist doch das Wichtigste, wenn man das Glück hat, daß man sich eins leisten kann. Wenn ich eine Wohnung einrichte oder ein Haus baue, wohne ich doch bis dahin anderswo. Und wenn die Uhr beim Uhrmacher ist, kann ich fragen, wie spät es ist, oder auf eine öffentliche Uhr schauen. Aber das Auto. Es fehlt plötzlich etwas, und jede Stunde, die ich verliere, ist verloren. Da sollte doch der größte Verlaß sein. Die äußerste Geschwindigkeit. Statt dessen aber im Gegenteil. Wenn er wenigstens sagen würde: so und so lang dauert's. Aber er sagt nicht: so und so lang dauert's. Sondern er sagt: so und so lang dauert's. Und dann kommt man hin und hat sich alles eingeteilt und ist sowieso schon zu spät dran, weil ja das Auto unbenützbar war. Und dann heißt's: noch nicht fertig. Und wenn man einen Zorn kriegt, dann heißt's: haben Sie denn eine Ahnung, wie kompliziert das ist, und außerdem sind Sie ja nicht der einzige, der wartet. Herr, sage ich, die Ahnung müssen Sie haben, nicht ich, sonst wäre ja ich der Mechaniker, und daß ich nicht der einzige bin, der wartet, das müssen Sie ja schon gewußt haben, als ich Ihnen den Wagen gebracht habe. Was sagen Sie dazu? – Und was sagt er? Er sagt: Wenn Sie noch lang so herumreden, dann dauert's noch länger. Ich sage: Wenn ich das rechtzeitig gewußt hätte, dann hätte ich mir alles anders eingeteilt, aber jetzt habe ich genau mit diesem Termin gerechnet. Sagt er: Wenn es Ihnen nicht paßt, nehmen Sie den Wagen wieder mit. Ich bin nicht auf Sie angewiesen. Es gibt noch andere Automechaniker. – Aber es gibt ja keine anderen Automechaniker, es gibt nur solche Automechaniker wie ihn, sie sind ja eine Loge, alle miteinander verschworen, und wenn ich zu einem anderen gehe, fängt ja das gleiche Spiel von vorn an. Also bleibe ich bei ihm, natürlich, und muß ihn noch geradezu bitten, daß er den Wagen behält. So, jetzt sollten wir einen Absatz machen, glaube ich.

Ja, so ist das. Oder man kommt hin, und es ist niemand da. Die ganze Werkstatt wie ausgestorben. Man findet irgendeinen Nachbarn und fragt, aber der weiß natürlich nichts. Er könnte doch irgendwo eine Tafel anbringen oder wenigstens einen Zettel, wo er ist und wann er kommt, aber nein! Und man wartet und wartet, und dann kommt er und entschuldigt sich nicht einmal.

Man ist doch auf sie angewiesen, wenn man unterwegs ist. Zu Hause, da hat man seinen, den kennt man, den richtet man sich ab, auf den ist man irgendwie eingestellt. Aber wehe, wenn man irgendwo anders ist. Man geht ja auch nicht zum ersten besten Chirurgen oder Zahnarzt, aber zum ersten besten Automechaniker muß man, wenn man zum Automechaniker muß. Und dann wehe! Er weiß genau, daß ich auf der Durchreise bin, er weiß genau, er sieht mich nie wieder. Und ich sage nicht, daß eine Reparatur nicht ihre Zeit dauert. Aber er soll's doch im voraus wissen. Und man streicht in einer fremden Stadt herum, man hätte Erholung und eine Ruhepause schon nötig, aber doch nicht so. Wenn man wüßte, daß er zwei Tage braucht, könnte man irgendwohin auf einen Berg oder an einen See, mit der Bahn, aber er sagt's ja nicht. Und alle paar Stunden schaut man hin, und es geht nichts vorwärts. Die Werkstätte ist wie ausgestorben, irgendwo geht er langsam hin und her und sucht etwas oder klopft zaghaft an etwas herum und schüttelt den Kopf. Jetzt vielleicht wieder einen Absatz.

Und wehe, wenn du einen am Samstagnachmittag, am Sonntag oder am Abend brauchst. Apotheken und Ärzte und Spitäler gibt es schließlich immer zu jeder Tageszeit, aber Automechaniker? Und wenn außer der Zeit irgendwo doch einer amtiert, bis man das erfährt! Und was für eine Gnade er draus macht, daß er seinen Beruf ausübt und sich dafür bezahlen läßt! Gibt es einen anderen Beruf, der eine akute Notlage beheben soll und von Samstag bis Montag früh pausiert?

»Ja«, sagte ich; »wenn du übers Wochenende von einem Wasserrohrbruch heimgesucht wirst, mußt du auch bis Montag früh auf den Installateur warten.«

»Aber findest du, daß das den Automechaniker entschuldigt?«

»Nein, das entschuldigt ihn nicht. Das belastet den Installateur.«

»Und den ganzen widerwärtigen Zustand unserer Gesellschaft. Aber was willst du dagegen tun?«

»Mein Buch beenden. Darf ich jetzt weiter-schreiben?«

»Ja, jetzt darfst du.«

Lerne getroffen werden,
ohne zu leiden

A und B sind für x Uhr am Punkt y verabredet. Welche der Voraussetzungen ist abzuändern, auf daß Pünktlichkeit entstehe?

Eine sicherlich nicht, denn dies würde einer mathematischen Grundwahrheit widersprechen. Ein altes Axiom stellt fest: Jede Größe ist sich selbst gleich. A bleibt stets A, eins bleibt stets eins, x Uhr bleibt stets x Uhr.

Man könnte, und wer wäre nicht schon dazu versucht gewesen, die Gattin oder den Gatten (oder sich selbst), der um sieben Uhr geweckt, um drei Uhr abgeholt werden will, weil er (sie, ich) dann ganz gewiß zurechtkommt, schon um sechs Uhr fünfundvierzig wecken, um zwei Uhr fünfundvierzig abholen und sagen: Es ist sieben (beziehungsweise drei) Uhr.

Man unterlasse es. Denn es widerspricht nicht nur der Mathematik, es schlägt auch der Menschenwürde ins Gesicht. Damit vier Uhr vier Uhr, halb acht halb acht bleibe, zwei Uhr fünfundvierzig in drei Uhr, sechs Uhr fünfundvierzig in sieben Uhr verwandeln, um den Preis einer richtigen Zeit eine andere fälschen? Nein! Nicht einmal in einem besonderen, kritischen, entscheidenden Fall, nicht einmal beim Weg ins Standesamt oder zum Schiff nach Amerika ist diese Methode akzeptabel. Die Zeit, die aus den Fugen ist, kann und darf nicht eingerenkt werden, indem man eine ihrer Fugen verlegt. Der Mensch, ein denkendes Wesen, mit der Gabe der Erfahrung und des Gedächtnisses begabt, muß doch imstande sein, frei einen Entschluß zu fassen und sich an ihn zu halten.

Es spricht durchaus nichts dagegen, daß man drei Weckeruhren anschafft und sie auf halb sieben, dreiviertel sieben und sieben stellt. Wenn die erste ertönt, stöhne man und schlafe weiter. Wenn die zweite ertönt, fluche man und schlafe weiter. Wenn aber die dritte ertönt, stehe man auf.

Man kann auch, auf die Frage »Wann willst du geweckt werden?« antworten: »Um halb sieben. Dann bleibe ich noch zehn Minuten liegen, um zehn nach halb sieben stehe ich auf.« Man kann auch – und nun sind wir dem, was hier gelehrt sein soll, schon ganz, ganz nahe – man kann auch sagen: »Ich will überhaupt nicht geweckt werden. Ich schlafe, so lange es mir paßt. Irgendwann stehe ich auf.« Wer dies sagt, ist pünktlich, denn er tut genau das, was er vorhat.

Man darf nur eines nicht: man darf nicht sagen ›ich stehe um halb sieben auf‹, wenn man um halb sieben nicht aufstehen wird. Anders ausgedrückt: man darf, wenn man nach halb sieben aufsteht, nicht gesagt haben, daß man um halb sieben aufstehen wird.

Pünktlichkeit ist Einklang von Wort und Zeit.

Aber kehren wir zu unserer Gleichung zurück: $A + B = x^y$. Wir wissen, daß x stets x bleiben muß. Aber es steht uns frei, jeden beliebigen Wert für dieses x einzusetzen.

Wir können zum Beispiel sagen: Ich komme nach vier zum Beethovendenkmal. Wann immer wir dann erscheinen, und sei's Monate später, werden wir nicht unpünktlich sein. Denn wir haben gesagt: nach vier. Und dieser Termin erstreckt sich von punkt vier bis zum Jüngsten Tag. Wenn B diesen Termin akzeptiert, darf er A nicht der Unpünktlichkeit zeihen.

Wir kennen uns, wir kennen einander. Wenn wir aus Erfahrung wissen, daß wir später kommen werden, machen wir doch dieses ›später‹ zum Inhalt unserer Verabredung! Statt ›nach vier‹ können wir auch sagen ›so um vier herum‹ oder ›gegen vier‹.

Auch die Größe y ist variabel. Wir sind ja nicht gehalten, das Beethovendenkmal als Treffpunkt zu wählen. Von der Möglichkeit schlechten Wetters ganz abgesehen, sind Rendezvousplätze im Freien aus vielen Gründen nicht ratsam. Dem Verabredeten schlägt die sitzende Lebensweise weit besser an. Man sorge für Zeitvertreib während des Wartens,

Lektüre zum Beispiel oder weibliche Handarbeiten.

Jede größere Stadt sollte eine öffentliche Warte-
gelegenheit in günstiger Lage einrichten, ein mit
allem Komfort ausgestattetes Attendorium, wo
man gegen geringe Gebühr sitzen, Musik hören, in
Zeitschriften blättern, Erfrischungen zu sich nehmen, sich rasieren, frisieren, maniküren lassen, wo
man mit den anderen Wartenden plaudern, tanzen,
allerlei Spiele spielen kann. Wenn schon gewartet
werden muß, dann sei das Warten ein Vergnügen.
Hier, im Attendorium, ist auch jede Möglichkeit
gegeben, das fatale unumgängliche erotische Viertel
produktiv anzulegen. Einmal errichtet und eingeführt, wird das Attendorium bald zum gesellschaftlichen Mittelpunkt der Stadt werden, der aus ihrem
Gesicht nicht mehr wegzudenken ist.

Wo kein Attendorium vorhanden ist, empfiehlt
es sich, daß A den oder die B abholt. Auch diese
Methode schließt, richtig gehandhabt, alle entner-
venden Mißhelligkeiten aus.

Wir wollen annehmen, daß B die sympathischere, überlegenere Persönlichkeit ist, bitten also die
Leserinnen und Leser, sich mit B zu identifizieren.
A und B wollen einander treffen. B aber will von A
getroffen werden, ohne zu leiden. Wenn B sich mit
A irgendwo in der Stadt verabredet, muß B warten
und darunter leiden. Wenn B zu A sagt: Hol mich

um soundsoviel Uhr soundsoviel Minuten von zu Hause ab, ist er um soundsoviel Uhr soundsoviel Minuten ausgehbereit, wartet untätig und leidet gleichfalls. Sagt B aber: Ich bin von soundsoviel Uhr soundsoviel Minuten an bereit, von dir abgeholt zu werden, dann kann A gar nicht anders als pünktlich sein. Der überlegenere unter den beiden Rendezvouspartnern hat es also durchaus in der Hand, den anderen in die Pünktlichkeit hineinzuzwingen.

Auch ist es nun an der Zeit, von der segensreichen Wirkung des Telephons zu sprechen. Es soll nicht den Brief ersetzen, aber es kann Begegnungen gestalten helfen. Wie wäre es, wenn wir uns des Telephons im Zusammenhang mit unserer Gleichung bedienten? $A + B = x^y$. A, B und y sind gegeben, x bleibt, wie so oft im Leben, zunächst unbekannt. x – das ist die Aufgabe, die uns gestellt ist. B, die souveränere, sympathischere Persönlichkeit, verabredet mit A, daß A telephoniert, bevor er das Haus verläßt. Da muß man nicht Stunden oder gar Tage vorher planen, da kann A getrost zu Hause tändeln, brodeln und den abwegigsten Beschäftigungen nachgehen (sie werden ihn nicht so sehr erfreuen, wenn er sich durch sie keine Verspätung erarbeitet); sobald A zum Aufbruch bereit ist, teilt er dies B telephonisch mit, und B seinerseits hat immer noch das Recht der Einrede, falls er

62

nicht sofort in der Lage sein sollte, y-wärts aufzu-
brechen.

Man wird durch einige Übung bald eine gewisse
Technik des Verabredens entwickeln, die das Zu-
sammenleben scheinbar kompliziert, in Wahrheit
aber erleichtert. Man verabrede sich nicht auf
Grund der bisherigen Formel, sondern baue noch
eine Voraussetzung ein:

$$A + B = \frac{x^y}{Z}$$

Das heißt: A und B treffen einander um x Uhr am
Punkt y vorbehaltlich einer endgültigen Zusage
(Z).

B, der sympathischere, überlegenere, schlauere
von beiden, wird A, dem schwerfälligeren, durch-
schnittlichen, trägeren, das Gesetz des Handelns
zuweisen.

›Wenn ich nichts mehr höre, dann komme ich‹,
wäre unklug – denn A könnte ja vergessen, daß er
etwas hören lassen soll. ›Wenn ich kommen soll,
dann rufst du mich an‹, ist die richtige Formel.
Sofern man seine Verabredungen an eine Voraussetzung knüpft, sei diese günstigerweise die endgülti-
ge Bestätigung, nicht der Widerruf.

Bei voraussetzungslosen Verabredungen aber
dringe man auf Absage. Man kann dem Schneider

nicht sagen: »Ich hole meinen Anzug, sobald Sie mir telephonisch mitteilen, daß er fertig ist«, denn einige Zeit nach der Einbürgerung dieser Methode müßte die Menschheit nackend sein. Man kann den Schneider nur bitten, anflehen, beschwören, bestürmen, er möge, falls der Anzug nicht fertig ist, dies rechtzeitig melden. Man kann auch, ehe man den überflüssigen Weg antritt, selbst telephonisch anfragen, ob der Anzug fertig ist. Was bei der privaten Verabredung die Zusage, sei im Umgang zwischen Lieferanten und Kunden das Telephon:

$$L + K = \frac{x^y}{T}$$

... so ich dir?

Der Mensch ist leider gut. Er mag aufbrausen, aber sein Zorn verflüchtigt sich gar bald, und im Grunde seines Herzens ist er nicht rachsüchtig, sondern nachsichtig – nachsichtiger, als er sein sollte.

Seine Neigung zur Unpünktlichkeit, sein Hang, Zusagen nicht einzuhalten, erstreckt sich auch auf die Zusagen der Rache, die ihm angesichts unpünktlicher und unverläßlicher Partner im ersten Aufwallen des Unmuts entfahren.

Na, wart nur, du Kerl, das sollst du mir büßen! Ich laß dich auf dein Geld ebensolange warten wie du mich auf die Filme, Schuhe, Hemden!

Wer von uns hätte es nicht gesagt oder gedacht? Wer aber hat es verwirklicht?

Da haben wir das klassische Dilemma, das alle sittlich Überlegenen im Kampf gegen Skrupellose so leicht zu Unterliegenden macht, es ist das Dilemma der Demokratie im Kampf gegen die Diktatur, die sich an keine Spielregeln hält, das Dilemma der Polizei bei der Auseinandersetzung mit Verbrechern, das Dilemma der Pazifisten angesichts aufrüstender Gegner.

Ich habe einige Experimente in dieser Hinsicht gemacht, habe allerlei getan, wozu ich formal und moralisch durchaus berechtigt schien, und ich mußte mich mit Gewalt dazu überwinden. Ich habe die Zahlung bestimmter Beträge zu bestimmten Terminen in Aussicht gestellt und habe dann nicht gezahlt. Ich habe, als mein Rendezvouspartner nicht da war, den Rendezvousplatz nach fünfzehn Minuten verlassen, ich habe einem Schneider, der bis zwölf zu liefern versprochen hatte, um eins die Türe nicht geöffnet. Und jedesmal war ich nachher nicht erfüllt von dem erwarteten Triumph, fühlte ich mich nicht als Pionier und Reformator, sondern war von unguten Gefühlen und Selbstvorwürfen heimgesucht. Ich hatte nicht so sehr den anderen als mich selbst bestraft. Ich hatte nicht Ordnung stiften geholfen, sondern die Unordnung in der Welt vermehrt.

Ich bin längst von der Methode der Sanktionen abgekommen. Ich habe sie in meine Träume verbannt. Wann immer mir Unrecht geschieht durch Unpünktlichkeit, Unverläßlichkeit, Unmanierlichkeit, Lug und Trug aller Art, träume ich von dem großen Moment, da ich Gleiches mit Gleichem vergelte, und erlebe mich genießerisch mit Aufbietung aller blühenden Einzelheiten als Helden der zweiten Hälfte des ›Grafen von Monte Christo‹, der da ausführlich und minuziös Rache nimmt. Dann aber sehe ich die Feinde real vor mir, die Installateure, Monteure, die Wäscherinnen und Spediteure, und ich werde nicht zum rächenden

Grafen von Monte Christo, sondern möchte ein neuer Japhet werden.

Ein neuer Japhet?

Ja, ein Japhet mit umgekehrtem Vorzeichen!

Als Japhet pünktlich zum Stelldichein kam, da sah Sem, daß es gut war, und ging in sich und ließ ganz gegen seine Gewohnheit Ham nicht warten. Da staunte Ham und wollte sich von Japhet nicht beschämen lassen, und als er mit Sem verabredet war, da erschien er pünktlich und ließ Sem nicht warten und sah, daß es gut war. Und Sem ließ Noah nicht warten, und Noah ließ Ham nicht warten, und Ham ließ Japhets Weib nicht warten, und Japhets Weib ließ Sems Weib nicht warten, und Sems Weib ließ Japhet nicht warten, und als Sems Weib Japhet nicht warten ließ, da sah Japhet, daß die Flut zurückzuweichen begann und daß es gut war. Und alles war verändert. Die Zeit hatte sich um fünfzehn Minuten verschoben, zehn Uhr war nicht länger zehn Uhr fünfzehn, zehn Uhr war wieder zehn Uhr geworden wie vor der Sintflut, der Dienstag war wieder der Dienstag, der sechzehnte März war wieder der sechzehnte März. Und die Menschen atmeten auf und verstanden nicht mehr, wie sie in der unerträglichen Spannung zwischen Worten und Zahlen hatten leben können. Und die Zahl war wieder Wort geworden. Und sie priesen Japhet gar sehr, daß er dies ausgelöst hatte,

und sie setzten ihm ein Denkmal, das hatte die
Form einer Uhr. Und der Geist Japhets drang über
die ganze Welt und erfüllte sogar die Österreichischen Bundesbahnen und die Vereinigten Staaten
von Amerika. Und die Schneider schneiderten
pünktlich und die Schuster sohlten pünktlich, die
Photographen entwickelten und kopierten pünktlich, die Theater begannen pünktlich, weil die Zuschauer pünktlich kamen, selbst die Spediteure spe-
dierten pünktlich, und die Automechaniker repa-
rierten pünktlich. Nur die Filmleute blieben, wie
sie immer gewesen waren, als abschreckendes Beispiel für alle Welt. Und die Liebesleute ließen
einander weiterhin warten, aber nur, wenn sie einander wahrhaft liebten.

Über den Umgang mit sich

Den Umgang miteinander können wir uns erleichtern, indem wir unsere Unpünktlichkeit pünktlicher, unsere Unverläßlichkeit verläßlicher gestalten, indem wir die Faktoren x und y entsprechend variabel gestalten und die Faktoren Z und T einführen. Wir können absagen, zusagen, telephonisch anfragen, wir können die Übereinkunft, die Verschiebung, die Voraussetzung, die Unverbindlichkeit und die Unbestimmtheit in die Verabredung einbauen. Wir können mit dem Freund A eine Verabredung derart treffen, daß ihm die Unpünktlichkeit unmöglich gemacht wird. Wir können mit einigem Geschick und einigem Glück aus den individuellen Begegnungen die Verspätung ausklammern, wir können nicht nur als vifer B den plumpen A zähmen, sondern auch als A uns selbst. Wir können uns Steine aus dem Weg räumen oder besser gesagt: die Steine auf unserem Weg anleuchten und deutlich beim Namen nennen. ›Setz dich ins Café Josefstadt und erwarte mich. Ich komme, sobald ich kann.‹ Wer solches vorschlägt, hat Frieden mit seiner eigenen und allen ihn umgebenden Unpünktlichkeiten geschlossen.

Wir wollen unseren Lieferanten einen Vorschlag machen, der uns den Umgang mit ihnen erleichtern soll. Und wieder, wie beim Verabreden, behalten wir unsere Methode bei. Wir wollen ihnen die Verspätung gar nicht abgewöhnen, sie sollen liefern wie bisher, sie sollen nur anders reden. Sie sollen sagen ›Montag, so Gott will‹, ›Dienstag vielleicht‹, ›Mittwoch oder so‹, ›Donnerstag, wenn wir Glück haben‹, ›um den Freitag herum‹, ›hoffentlich Samstag‹. Durch die Einführung dieser äußerlich so geringfügigen Einschränkungen, deren Erlernen keinerlei Schwierigkeiten bereitet, werden die Termine scheinbar unpräzis, die derart Redenden scheinbar unverläßlich, in Wirklichkeit aber führt über diesen neuen sprachlichen Kurs der Weg zur unangreifbaren Präzision und Verläßlichkeit.

Und wir merken wieder einmal, daß unsere ganze Frage in sehr hohem Maß eine Frage der sprachlichen Formulierung ist.

Nicht: wann man kommt – nein: was man vorher sagt, ist das Entscheidende.

Wir schließen Verträge: Der Autor verpflichtet sich, sein fertiges Manuskript am... abzuliefern und erhält vom Verlag am ... eine Vorauszahlung in der Höhe von ...– Der Wohnungsinhaber verpflichtet sich, die Wohnung am ... gebrauchsfertig zu übergeben. – Das Darlehen ist bis spätestens ... rückzahlbar. – Was soll das? Der Verleger weiß es, der Autor weiß es, der Wohnungsinhaber weiß es, der Mieter weiß es, der Schuldner weiß es, der

Gläubiger weiß es: es wird nicht am ... geliefert, gezahlt, geräumt werden.

Hört auf mit der Säumigkeit und Lässigkeit der Vertragserfüllung? Nein, ändert die Vertragstexte! Auf daß Treu und Glauben wiederhergestellt werden.

Der Autor verpflichtet sich, sein fertiges Manuskript irgendwann um Neujahr herum abzuliefern und erhält vom Verlag im Laufe der auf die Ablieferung folgenden Wochen eine Vorauszahlung in der Höhe von ... (oder auch weniger). – Der Wohnungsinhaber verpflichtet sich, die Wohnung nach Ostern gebrauchsfertig zu übergeben. – Die Rückzahlung des Darlehens ist am ... fällig und hat in den auf den Fälligkeitstermin folgenden Wochen zu erfolgen. – Hier ist die Übereinstimmung zwischen Form und Inhalt erreicht; der Bruch derartiger Verträge ist nur in Ausnahmefällen zu befürchten.

Da wir nun im Umgang miteinander gigantische Fortschritte gemacht haben, müssen wir uns jetzt dem Umgang mit uns zuwenden. Und ach, da liegen die Dinge weit weniger günstig.

Nehmen wir zwei extreme Beispiele: Bahnhof und Theater.

Du kannst dem Theater nicht abtelephonieren: Ich komme später. Du kannst die Schauspieler und die anderen Zuschauer nicht veranlassen, sich in ein Café zu setzen und sich dort die Wartezeit bis zu deinem Eintreffen mit Lektüre, Handarbeiten oder geselligen Spielen zu vertreiben.

Du kannst auch vom Stationsvorstand kein Verständnis erwarten, wenn du ihn anrufst: Ich gehe jetzt aus dem Haus, in zwanzig Minuten können wir fahren.

Im Umgang mit Institutionen und Gruppen, deren Partner in zwei-, drei- und vierstelligen Zahlen anrücken, bekommt die bisher so harmlos dehnbare Formel ein neues, erschreckend grausames Gesicht:

$$A + B = x^y$$

Denn x ist nun keine unbekannte Größe mehr, x ist gleich neunzehn Uhr dreißig oder sieben Uhr zehn. y ist keine beliebig zu bestimmende Größe mehr, y ist die Tonhalle, das Schauspielhaus, der Franz-Josephs-Bahnhof. Und B ist gleichfalls gegeben, B ist die Neunte Symphonie, Wallensteins Tod, Charleys Tante, der Orient-Expreß, der Blaue Blitz.

Von dir allein, A, hängt es ab, ob die Gleichung stimmt oder nicht. Die Neunte Symphonie geht nicht wartend im Beethovenpark auf und ab, der Orient-Expreß sagt nicht: »Na endlich, ich hab' schon geglaubt, du kommst überhaupt nicht mehr!« Dem Blauen Blitz kannst du nicht sagen: »Sei nicht böse!«

Um Partner der Neunten Symphonie oder des Orient-Expreß zu sein, mußt du den Umgang mit dir reformieren. Denn hier sind es nicht zwei annähernd Gleichwertige, die zueinander kommen, hier gerätst du, Geringfügiger, an einen Übermächtigen, hier stehen die Herren Hinz und Kunz als kleines A vor einem gewaltigen B.

Die vier Varianten

Wenn wir Dilettanten wären oder Schulmeister, dann würden wir sagen:

Rechnet euch genau aus, wie lange ihr zu Hause braucht, um euch umzuziehen beziehungsweise anzuziehen, alles vorzubereiten, addiert hierauf zu dieser Zeit noch die Zeit des Hinwegs und eine zusätzliche Spanne von fünf Minuten für Unvorhergesehenes. Beginnt mit euren Vorbereitungen so früh, daß euch die errechnete Zeit zur Verfügung steht, und ihr werdet das Theater, den Konzertsaal, den Bahnhof pünktlich erreichen.

Wir erwähnen diesen lächerlichen, unsachlichen und im Grunde auch gefährlichen Versuch, mit der Unpünktlichkeit fertig zu werden, nur der Kuriosität und der Vollständigkeit halber.

Variante zwei: Da man weiß, daß man nicht in der Lage ist, Veranstaltungen und Verkehrsmittel zur vorgeschriebenen Zeit zu erreichen, da man anderseits ebenso auch weiß, daß verspätetes Erscheinen mit Unzukömmlichkeiten aller Art verbunden ist, unterlasse man den Besuch von Veranstaltungen und die Benützung von Bahnen, Schiffen, Autobussen und Flugzeugen.

Diese Möglichkeit, der Unpünktlichkeit produktiv abzuhelfen, hat viel für sich und scheint auf den ersten Blick bestechend. Man kann seinen Bedarf an Erhebung, Bildung, Unterhaltung und Entspannung ja durch den Rundfunk, das Fernsehen und Schallplatten decken, man kann die Ortsveränderungen mittels eines gemieteten oder erworbenen Kraftfahrzeugs vornehmen. (Und schon der Umstand, daß unser Jahrhundert zum Unterschied von seinen Vorgängern diese Ausweichmöglichkeiten bietet, zeigt uns, daß wir in das Jahrhundert der Unpünktlichkeit eingetreten sind.)

Doch frohlocken wir nicht zu früh! Die Methode versagt zum Beispiel bei der Überquerung von größeren Seen und Ozeanen. Wer von uns besitzt Motorboote, wo gibt es Dampfer zu mieten? Auch können gewisse Punkte immer noch ausschließlich mit Hilfe bestimmter Verkehrsmittel und nicht auf Straßen erreicht werden, gewisse Berggipfel zum Beispiel. Ebenso ergeben sich gelegentlich Situationen, in denen die Teilnahme an künstlerischen Veranstaltungen kaum vermieden werden kann: der Besuch von Verwandten aus der Provinz, die Verliebtheit in ein künstlerisch interessiertes Wesen, der Besitz von Freikarten u. a.

So erweist sich diese Variante auf den zweiten Blick als doch nur gelegentlich und nicht allgemein anwendbar.

Variante drei: Man versuche, was in anderem Zusammenhang schon erfolgreich verwirklicht wurde, die Unpünktlichkeit planend vorwegnehmend in die Gestaltung des Lebens einzubeziehen. Man beschließe bewußt, zu spät ins Theater oder an die Bahn zu kommen, man ist schließlich sein eigener Herr und nicht Sklave der Bahnen und Bühnen. Der Besitz einer Karte berechtigt, verpflichtet aber nicht zur Anwesenheit von Anfang an beziehungsweise zur Benützung eines bestimmten Zugs. Ich komme, wann's mir paßt. Ich bin ein freier Mensch. Ich lasse mir nichts vorschreiben.

Gut und schön, Herr Hinz, aber vergessen Sie nicht, daß es einaktige Schauspiele und Opern gibt. Vergessen Sie nicht, daß oft im ersten Akt die Voraussetzungen mitgeteilt werden, auf denen alles, was folgt, beruht. Wenn Sie nicht wissen, daß dem Hamlet der Geist seines Vaters erschienen ist und daß Don Carlos seine Stiefmutter liebt, haben Sie wenig von den Akten zwei bis fünf.

Der nächste Zug, das nächste Schiff geht nicht unmittelbar nach dem versäumten, meist sind einige Stunden zu überbrücken, und Sie begeben sich zu diesem Zweck wieder in Ihre Wohnung – und alles beginnt von vorne, und Sie versäumen auch den nächsten Zug, das nächste Schiff.

Auch mit der Variante drei kommen wir also nicht weiter.

Wie wär's mit der Variante vier? Ich will gleich sagen, daß sie mir die plausibelste scheint:

Wenn das Theater um halb acht beginnt, der Zug um halb acht abgeht, plane man etwas Zusätzliches für halb sieben! Man richte sich so ein, daß man mit den Vorbereitungen für den Theaterbesuch beziehungsweise die Abfahrt schon vor halb sieben rechtzeitig fertig ist, um in der verbleibenden Stunde Freunde oder Sehenswürdigkeiten zu besuchen, sich im Café oder im Weinhaus gemütlich und geruhig auf die Vorstellung beziehungsweise Abfahrt vorzubereiten. Man komme daraufhin zu spät oder gar nicht zum Freund, zur Sehenswürdigkeit, zum Wein, wird aber unter Umgehung von Gemütlichkeit und Geruhigkeit einigermaßen rechtzeitig das Theater, den Bahnhof, Flug- oder Ankerplatz erreichen.

Sie halten die Methode für kindisch, für unwürdig, Herr Kunz? Bevor ich Ihnen zustimme: sagen Sie mir eine bessere!

Die begnadete Not

Da habe ich eben zwei Herren namens Hinz und Kunz zu meinen imaginären Gesprächspartnern gemacht, und während ich sie anredete, kam mir in den Sinn, daß vielleicht der vortreffliche Schauspieler Werner Hinz dieses Buch lesen und sich betroffen fühlen könnte.

Nein, ich meine nicht Sie persönlich, Werner Hinz, ebensowenig wie den nicht minder vortrefflichen Sänger Erich Kunz.

Wenn ihr beide ›ins Theater geht‹, geschieht dies ja in ganz anderer Absicht als bei jenem Hinz und jenem Kunz, die ich apostrophierte. Und vielleicht hat mir die mißverständliche Anrede ein erwünschtes Stichwort gegeben, nun noch einmal von der Situation des Künstlers und seiner Beziehung zur Zeit zu sprechen.

Da war von Beethoven, Shakespeare und Schiller, von Hinz und Kunz die Rede. Auch die Künstler neigen dazu, im allerletzten Moment fertig zu werden. Auch sie sind stets in Zeitnot. Wir wissen, daß Generalproben immer zu spät anfangen, daß Proben immer länger dauern als vorgesehen. Wir wissen, daß die Zeit nie reicht, ob ein Regisseur nun acht oder vierzehn Tage, drei oder vier Wochen, ein Dirigent zwei, drei, vier, sechs oder acht

Tage für Proben zur Verfügung hat. Wir wissen, daß ein Werk immer erst endgültig beendet wird, wenn es schon fertig sein sollte, daß da keine Ruhe ist und keine Gelassenheit, sondern immer der ängstliche Wunsch, noch zu ändern, zu bessern. Und wir wissen auch, daß keine Vorstellung, keine Aufführung je fertig ist, daß man meint, noch eine Stunde, noch ein Tag wäre nötig, daß Angst vor dem Mißlingen, dem Ungenügen, dem Scheitern alle künstlerische Schöpfung und Nachschöpfung begleitet.

Ja, die Kunst ist, wann immer und wo immer sie geschieht, in Zeitnot, aber diese Not ist begnadet. Denn ein großes Gesetz will, daß jedes Vollbringen an die Gefahr des Mißlingens geknüpft sei. Die Nervosität, Geißel des Durchschnittsmenschen, ist des Künstlers Lebenselement. Er muß in äußerster Erregung sein, er muß fürchten, ›nicht hinzukommen‹, ›nicht anzukommen‹, er muß quälend spüren, was alles noch sein sollte und noch nicht ist, er muß sein Tiefstes und Letztes sammeln und einsetzen und sich selbst dabei nachtwandlerisch über Abgründe bewegen, dann kommt er ans Ziel. Weiß er aber, oder meint er zu wissen, daß alles gesichert, alles bestens vorbereitet ist, geht er gelassen und ruhig, des Sieges sicher, ans Werk, fühlt er, daß nichts geschehen kann, dann mangelt ihm die Spannung, dann verpaßt er den Zug. Er muß gewiß sein, nicht zurechtzukommen, dann kommt er richtig an. Er wird die Zauberflöten-Ouvertüre in einer Nacht schreiben und ›Was ihr wollt‹ in zwölf Tagen, aber er wird mindestens einmal während seiner Arbeit die absolute Gewißheit spüren, daß sie nicht rechtzeitig fertig werden und nicht geraten wird. Diese Gewißheit ist Voraussetzung dafür, daß die Arbeit rechtzeitig fertig wird und gerät. Er wird am Ende der Probenzeit schmerzhaft spüren, was noch alles zur Vollendung fehlt, er wird müde sein und verzweifelt und lebensüberdrüssig. Er wird äußerlich ganz dem Hinz und Kunz im Parkett gleichen, die sich da eben, zehn Minuten nach dem Beginn, störend und matt durch eine Sitzreihe zu ihren Plätzen tasten. Nur daß sein Zustand die Leistung fördert und ermöglicht, der ihre aber den Genuß an der Leistung beeinträchtigt. Der Aufenthalt in der Hölle ist ein Privileg der Begnadeten, Unbefugten muß der Zutritt verboten werden.

Hinz und Kunz benehmen sich auf dem Weg ins Theater, als wären sie Werner Hinz und Erich Kunz. Und das grenzt an Majestätsbeleidigung.

Vielleicht wäre die gesuchte fünfte Variante, die unser bisher größtes und schwierigstes Problem löst, auf diesem Weg zu gewinnen:

Du gehst nur als Publikum ins Theater, ins Konzert, als Fahrgast in den Zug, und du zeigst dich dieser Aufgabe nicht gewachsen. Denk einmal dran, wie es ist, auf der Bühne, auf dem Podium zu stehen und zu spielen, denk auch dran, was alles dazugehört, auf der Lokomotive zu stehen und für einen Zug verantwortlich zu sein, versetze dich in die Lage derer dort oben und dort vorn, denke an die ungeheure Konzentration, die sie im Dienst an ihrer Arbeit und an dir aufzubringen haben – du aber bist nicht einmal imstande, deine Wohnung rechtzeitig und im erwünschten Zustand wohlvorbereitet zu verlassen, um zum vorgesehenen Zeitpunkt Gast zu sein?

Vielleicht hilft es Herrn Hinz, mit Herrn Hinz Frieden zu machen, wenn er an einen anderen Herrn Hinz denkt, der, um Herrn Hinz im Parkett zu amüsieren, mit sich in ewigem Unfrieden leben muß.

Mit dem Ende beginnt es

Apropos Gast: wie steht's mit der Geselligkeit? Wir haben uns bisher ausführlich mit der Hölle des Hinwegs, des Anmarschs zu befassen gehabt, die um nichts höllischer ist, wenn er keiner öffentlichen Veranstaltung oder Abreise, sondern einem sogenannten geselligen oder gesellschaftlichen Ereignis gilt, einer Einladung, die heute gern ›Party‹ genannt wird, ohne dadurch entscheidend an Reiz zu gewinnen. Und wir haben die ›Party‹ weder zufällig noch irrtümlich, sondern ganz bewußt nicht gleichberechtigt in unsere Betrachtungen mit einbezogen. Denn wir wollten bisher unseren Freunden A und B, die wir auch Hinz und Kunz nennen, keine verfrühten Waffen in die Hand geben.

Denn hätte ich zum pünktlichen Erscheinen im Haus der Gastgeber aufgerufen, dann hätte man mir vorgehalten:

Was? Pünktlichkeit? Haha! Ich bin für neun Uhr abends eingeladen, ich halte mich an Ihre guten Ratschläge, ich erscheine tatsächlich um neun bei meinen Gastgebern, und wie treffe ich sie an? Der Hausherr schlüpft schnell in die Jacke seines dunklen Anzugs und beschäftigt sich weiter mit Flaschen und Gläsern, die Hausfrau hat eine Schürze vorgebunden und verschwindet nach kurzem verlegenen Gruß wieder in der Küche – man steht befangen herum, man weiß nicht recht, was man sagen soll, man fühlt sich wie ein Eindringling, nur weil man zu der Stunde erschien, für die man eingeladen war.

Richtig! Es gibt eine aktive und eine passive Unpünktlichkeit, auch Gastgeber können unpünktlich sein, und wahrscheinlich ist diese ihre Unsitte daher gekommen, daß sich zunächst die Gäste zu spät einstellten und die Gastgeber sich daraufhin Zeit ließen – für neun haben wir eingeladen, es kommt ja doch keiner vor neun Uhr fünfzehn! – weshalb die Gäste noch unpünktlicher wurden – woraufhin sich die Gastgeber noch mehr Zeit ließen – –

Es ist, als käme man zur vorgeschriebenen Stunde ins Theater und fände die Schauspieler halb kostümiert, unzureichend geschminkt, nur teilweise frisiert, und sie würden sagen: Wenn ihr drauf besteht, dann beginnen wir eben in diesem Zustand, aber eigentlich wollten wir erst in einer halben Stunde so weit sein, und diese halbe Stunde wird uns fehlen!

In solcher Stimmung findet der präzise eintreffende Gast seine Gastgeber, und die Geselligkeit leidet unter derart disharmonischem Beginn.

Es herrscht Unklarheit darüber, wann die gebo-

tenen Speisen und Getränke am günstigsten ge-
reicht werden sollen, denn die Ouvertüre des all-
mählichen Eintreffens dehnt sich bis tief in die für
den ganzen Anlaß vorgesehene Zeit hinein aus.

Man kommt erst beim Aufbruch richtig in Fahrt.
Im Vorzimmer oder Vorsaal, im Stiegenhaus, vor
dem Tor, da wird alles erst so richtig gesprächig,
gemütlich, man ist mitteilsam und aufgeschlossen,
intensiv und locker – was einem stundenlang nicht
einfiel, weiß man jetzt brillant zu formulieren –
was man einander unbedingt zu sagen hat, wird
erst jetzt plötzlich klar – man möchte nun noch
lange bleiben, da man weiß, daß des Bleibens nicht
länger sein kann.

Arme Menschen, ihr könnt nicht kommen und
ihr könnt nicht gehen! Ihr seid erst richtig da, wenn
ihr wißt, daß ihr nicht länger da sein solltet! Ihr
unterhaltet euch nicht, solange ihr euch unterhalten
solltet, und findet erst die Freiheit, den Gedanken
Worte zu leihen, wenn dazu keine Pflicht mehr
besteht.

Man sollte Gesellschaften abhalten, die damit
beginnen, daß ein Anwesender sagt: Jetzt muß ich
aber wirklich gehen!

Der Geist
des kleinen Moritz

Es gibt bei den Juden einen schönen Brauch. Beim Fest wird ein Platz an der Tafel mit Stuhl und Gedeck leer gelassen, und dieser Platz ist für den Propheten Elias bestimmt, der ja nicht gestorben ist, sondern aufgefahren zum Herrn, also nur vorübergehend abwesend, der wiederkommen könnte, gerade heute, gerade zu uns, als willkommener Ehrengast.

Man reserviere, wo immer Geselligkeit stattfindet, einen Stuhl und ein Gedeck für den Herrn Bundespräsidenten. Er sei unausgesprochen überall mit eingeladen. Sein Amt ist nicht das des Propheten, er ist einer von uns, den wir als solchen erhoben haben über uns, in dessen Person, in dessen Bild wir uns repräsentiert wissen, direkter und echter als in jedem erblichen Souverän oder selbstherrlich oktroyierten Diktator.

Er ist wir, wir sind er, und wir sollen, da wir ihn respektieren, und in ihm uns selbst, uns selbst auch respektieren, wo er nur symbolisch anwesend ist.

Und wenn ein Hinz die anderen Hinze und Kunze zum Tee, zum Kaffee, zum Wein oder zum Wermut bittet, sollte man gewohnheitsmäßig fragen: »Mit oder ohne den Herrn Präsidenten?« Und

›mit dem Herrn Präsidenten‹ (c. p. – cum praesidente) würde bedeuten, daß vier gleich vier, sechs
gleich sechs, neun gleich neun ist. Und eine Fülle
von beiderseitigen Nervositäten ist ausgeschaltet.
›Ohne den Herrn Präsidenten‹ aber (s. p. – sine
praesidente) hieße, daß die Stunde des Kommens
freigegeben ist – und schon wäre in jedem Fall die
Übereinstimmung von Wort und Zahl gesichert;
denn bist du ›ohne den Herrn Präsidenten‹ für
neun geladen, kannst du ja von neun Uhr an kommen, wann du willst, und du wirst, du kannst nicht
mehr unpünktlich sein. Und abermals ist eine Fülle
von beiderseitigen Nervositäten ausgeschaltet.

Manche Gastgeber haben, fremdländischen
Brauch imitierend, die Formel für ihre Einladung
gewählt: ›Herr und Frau Hinz werden am … von
… bis … zu Hause sein.‹ Man höhne sie nicht,
man verfalle nicht in den Fehler, den sich einer
meiner Bekannten einst zuschulden kommen ließ,
indem er auf eine derartige schriftliche Mitteilung
schriftlich antwortete: »Ich auch.« Denn diese,
scheinbar gesuchte, preziöse Form macht jeden
Gast, wann immer er zwischen … und … Uhr
erscheint, zum Pünktlichen. Sie rehabilitiert den
Faktor x in seiner originalen Eigenschaft als unbekannte Größe. Sie ist ein Zeichen dafür, daß eine
unschätzbare Eigenschaft vorhanden ist, die Zau-
berkraft, in deren Zeichen alles, was hier an Üblem

und Bösem und Widrigem aufgezeigt wurde, zum Guten sich wenden kann. Und so sei denn zum erstenmal, seit hier gepredigt, gelächelt und gewettert wird, das große therapeutische Schlüsselwort ehrfürchtig und mahnend hierhergesetzt, so sei hiermit die erhabene Göttin angerufen, der wir huldigen sollen, sollten, um Menschen zu sein, zu werden. Ihr Name ist

PHANTASIE!

Habt Phantasie, seid nicht phantasielos!

Habt Phantasie: ihr wißt, wie es ist, wenn man vergeblich wartet – und laßt die anderen warten.

Seid nicht phantasielos: ihr wißt, wie ihr darunter leidet, daß eure Gäste zu spät kommen, daß sie sich nicht und nicht zum Aufbruch entschließen können – ihr wißt, wie fürchterlich es für euch ist, wenn unangemeldete Besuche sich einstellen – und ihr kommt zu spät, ihr bleibt zu lange, ihr erscheint überfallartig als Besucher.

Es ist so simpel, so banal, daß man kaum wagt, es auszusprechen, so simpel wie ein Sprichwort (›Was du nicht willst, daß man dir tu...‹), so banal wie alles Große, alles Schöne und Gute. Man hat in einer nahen Vergangenheit von gewissen naiven Darstellungen und Deutungen der Welt abschätzig

gesagt: »Wie der kleine Moritz sich das vorstellt!«
Der kleine Moritz hat keine schöne Zeit gehabt
seither, und da man nun so wenig von ihm hört,
besteht begründeter Anlaß zu der Befürchtung,
daß er nicht mehr unter den Lebenden weilt. Aber
wie's schon so geht mit denen, die aus der Zeitlich-
keit scheiden, sie leben um so dauerhafter im Geist.

Bekennen wir uns zum Geist des kleinen Moritz,
dann huldigen wir zugleich der göttlichen Phantasie. Der kleine Moritz hat Phantasie, er ist ein
Prophet, ein Seher, denn er stellt sich alles so
einfach vor, wie es tatsächlich ist.

Handle so, wie du von anderen erwartest, daß sie
handeln – ist das ein Gemeinplatz oder ein erhabe-
ner Grundsatz, ist es von Buddha, von Kant oder
vom kleinen Moritz? Gleichviel, wenn wir es nur
allmählich wieder lernen, uns in die Lage anderer
zu versetzen und in unsere eigene Lage, wenn wir
das Haften am Augenblick überwinden, indem wir
ihn ansehen lernen von der Vergangenheit her zur
Zukunft hin.

Ach du liebe Zeit

Ihr fragt: Ist es denn so wichtig, ob man ein paar Minuten früher oder später irgendwo ist? Wen fragt ihr das? Es ist gar nicht so wichtig! Nur indem ihr die Möglichkeit des Zuspätkommens zur Regel macht, zwingt ihr uns, die Präzision zu überwerten, uns in einen schmerzhaften Gegensatz zu euch zu stellen, aus der Tugend eine Not zu machen.

Werdet pünktlich! Dann können wir alle miteinander gelegentlich unpünktlich sein.

Als ich zu euch zu sprechen begann, da sagte ich: Ich will von meiner Krankheit, der Pünktlichkeit, geheilt werden. Nun sehe ich, wie das vor sich gehen kann: nicht indem ich werde wie ihr, sondern indem ihr werdet wie ich. Indem wir die Ausnahme zur Regel werden lassen, auf daß das, was heute Regel ist, zur Ausnahme werden kann, auf daß Krankheit und Gesundheit die Plätze tauschen. Seien wir alle miteinander pünktlich, damit wir alle miteinander unpünktlich sein können!

Ihr fragt ungläubig: Wie bitte? – Ja, ihr habt mich ganz recht verstanden. Ein letztes Mal stelle ich fest, daß ich dieses Buch ja für die Unpünktlichen schreibe, zu denen ich so gern gehören möchte, noch einmal wiederhole ich, daß wir nur das Maß, die Quote der Unpünktlichkeit in der Zeit verändern wollen, indem wir halbbewußt Dräuendes ins Licht des Gewußten, Geplanten heben.

Die Medizin will und kann die Krankheiten nicht abschaffen; sie will und kann und soll sie mindern, heilen, ihnen, wo dies denkbar ist, vorbeugen.

So auch: nicht eine starre, diktatorische, abstrakte Pünktlichkeit fordern und am unvermeidlichen Bruch des Gesetzes zusätzlich leiden, sondern die Unpünktlichkeit auf ihr gerechtes Maß reduzieren.

Wir werden sie nicht abschaffen. Drum wollen wir sie nicht abschaffen.

Sie soll nur nicht so selbstverständlich bleiben wie bisher.

Habt ihr denn nicht gemerkt, verehrte Zeitgenossen, daß sich in den letzten Jahren etwas sehr Gewaltiges begeben hat, zögernd und unmerklich, nun aber schon zu eindeutig allgegenwärtig, um länger totgeschwiegen zu werden?

Die normalen Zeiten sind da. Nicht nur der Krieg, auch die Nachkriegszeit ist zu Ende, ohne daß sie aber, wie vor dreißig Jahren, unmittelbar in eine neue Vorkriegszeit eingemündet wäre. Seit dem Schicksalssommer von 1914 leben wir zum erstenmal in einer Zeit, die vor allem Gegenwart ist, die ihre Vergangenheit in erstaunlichem Maß überwunden hat und nicht heftiger als jede andere Zeit vor der Zukunft zu zittern braucht. Wir sind auf diesen Zustand mangelhaft vorbereitet, wir sind uns seiner kaum bewußt. Immer war, seit einem halben Jahrhundert, ein allzu Mächtiges über uns, ein finster Drohendes vor uns. Wir hatten alle Berechtigung, uns auszureden auf Krieg, Nach- krieg, Inflation, Weltwirtschaftskrise, politische Krise, Vorkrieg, Krieg, Nachkrieg, auf Not, kol- lektive Unordnung und Unübersichtlichkeit. Der einzelne war Objekt. Inzwischen aber ist er nicht mehr Spielball, sondern Spieler, er weiß es selbst nur noch nicht recht, er kann's kaum glauben.

Wir selbst, Brüder und Schwestern, sind nun sehr, sehr weitgehend für uns verantwortlich. Die Ausreden gelten nicht mehr.

Solange jede Bahnfahrt oder sonstige Verände- rung im Raum Glückssache war und die Laufzeit jedes Briefs unberechenbar, solange selbst Behelfs- quartiere Mangelware waren und die Beschaffung notwendiger Güter zum Abenteuer wurde, mußten Unordnung und Unübersichtlichkeit Gesetzescha- rakter gewinnen.

Wer aber heute noch so tut, als herrsche das Chaos, der huldigt einem bösen Geist von gestern und hilft eine Entartung verewigen, deren sehr weitgehende Überwindung zu den verheißungs- vollsten Leistungen dieser unserer unterschätzten Zeit gehört, die uns als Geschenk eines gnädigen Schicksals sehr, sehr lieb sein sollte.

Erst wenn wir dies erkannt haben, werden wir das Teilproblem der Unpünktlichkeit richtig werten können. Es geht, wie gesagt, nicht darum, sie abzuschaffen, sondern sie richtig einzuschätzen.

Das Hauptkontingent stellen die Fahrlässigen, die Duldenden, die Selbstbestrafenden, mit sich Uneinigen, und ihnen gilt unsere mitfühlende Sorge, ihnen wurden hier Wege gewiesen, die sie allmählich zum freundlichen Umgang mit allen ihnen Nahestehenden führen sollen (sie selbst mit eingeschlossen). Als Universalmedizin war dabei vor allem eine gehörige Dosis von Phantasie mehrmals täglich vorzuschreiben. Und ihnen wie uns wird das Dasein erleichtert, wenn als Ziel des großen Wegs nicht ein abstrakter ewiger Friede anvisiert wird, der etwa ›integrale‹ oder ›hundertprozentige Pünktlichkeit‹ genannt wird und wie alles Totale voll von Gefahren ist, unlebendig und diktatorisch, sondern wenn vielmehr große Freude darüber herrscht, sobald einer oder eine einmal und wieder einmal etwas weniger unpünktlich ist.

Epilog

Eine Episode auf einer Kaffeehausterrasse bleibt mir unvergeßlich.

Ich saß im Freien, unverabredet und daher gut-gestimmt, und beobachtete genießerisch das wo-gende Großstadtgewimmel. Vor mir, die Straßen-kreuzung beherrschend, sah ich die große Uhr. Um fünf Uhr dreizehn stürzte ein Mann atemlos her-bei, sah auf die große Uhr, sah sich suchend um, verglich die große Uhr mit dem, was seine Arm-banduhr zeigte, schien enttäuscht und verbittert und begann zu warten. Nach kurzer Frist schien die Erkenntnis in ihm aufzudämmern, daß sein Rendezvouspartner schon früher erschienen sei und das Warten bereits aufgegeben habe. Plötzlich hatte er einen Einfall und begab sich in eine nahege-legene Telephonzelle.

In diesem Augenblick erschien ein anderer Atemloser bei der großen Uhr, die nun fünf Uhr siebzehn zeigte, verglich sie mit dem, was seine Armbanduhr zeigte, sah sich suchend um, schien enttäuscht und verbittert und meinte sichtlich, daß sein Rendezvouspartner schon früher erschienen sei und das Warten bereits aufgegeben habe.

Ob Enttäuschung und Verbitterung jener Atem-losen dem Partner galten oder der eigenen Verspätung, ging aus ihren Mienen nicht hervor. Einem gewissen fragenden Zug dieser Mienen glaubte ich immerhin mit einiger Sicherheit entnehmen zu dürfen, daß sie an der Exaktheit der Orts- und Zeitangaben bei der Vorbereitung des Rendezvous zu zweifeln begannen.

Der zweite Ankömmling begab sich zur Kaffeehausterrasse herüber, setzte sich an einen Tisch und behielt den Rendezvousplatz an der Uhr scharf im Auge. Schräg gegenüber, an der anderen Seite des Platzes, trat nun der erste Ankömmling nach einem sichtlich erfolglosen Gespräch aus seiner Telephonzelle, blieb stehen und behielt von seinem Standort aus den Rendezvousplatz scharf im Auge.

Ich hielt mich nicht für befugt, in die private Sphäre zweier Fremder einzugreifen, indem ich einen auf den anderen aufmerksam machte. Ich zahlte alsbald und ging und hinterließ, kurz nach halb, zwei enttäuscht und verbittert Wartende, die von verschiedenen Punkten die große Uhr fixierten.

Und während ich ging, dachte ich, daß man diese Szene in einem Kurzfilm festhalten und in allen Kinos vorführen sollte, immer wieder, bis sie den Besuchern selbstverständlich vertraut ist, und hierauf eine Fortsetzung: die beiden an ihren beiden Blickpunkten weiterwartend, durch die Jahreszeiten, inmitten fallender Blätter, dann im Schnee, dann im knospenden Frühling, dann in sengender Sommersonne... allmählich älter werdend, ergrauend, schließlich greisenhaft gebückt, zum Ausklang dann zwei Grabsteine, einen an der Telephonzelle, einen auf der Terrasse.

Hans Weigel bei Styria

Die tausend Todsünden
Ein lockeres Pandämonium

Man derf schon
Kaleidoskop jüdischer und anderer Witze

Man kann nicht ruhig darüber reden
Umkreisung eines fatalen Themas

Das Schwarze sind die Buchstaben
Ein Buch über dieses Buch

Nach wie vor Wörter
Literarische Zustimmungen, Ablehnungen, Irrtümer

1001 Premiere
Hymnen und Verrisse. Von Aischylos bis Zusanek

Apropos Musik
Kleine Beiträge zu einem großen Thema

Gerichtstag vor 49 Leuten
Rückblick auf das Wiener Kabarett der dreißiger Jahre

Ad absurdum
Satiren, Attacken, Parodien aus drei Jahrzehnten

In memoriam

Flucht vor der Größe

Der exakte Schwindel
oder Der Untergang des Abendlands durch Zahlen und Ziffern

Verlag Styria Graz · Wien · Köln